la creación literaria

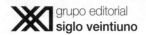 grupo editorial
siglo veintiuno

siglo xxi editores, méxico
CERRO DEL AGUA 248, ROMERO DE TERREROS, 04310 MÉXICO, DF
www.sigloxxieditores.com.mx

siglo xxi editores, argentina
GUATEMALA 4824, C1425BUP, BUENOS AIRES, ARGENTINA
www.sigloxxieditores.com.ar

anthropos editorial
LEPANT 241-243, 08013 BARCELONA, ESPAÑA
www.anthropos-editorial.com

PQ8520.17A4
M84
2015   Galeano, Eduardo
              Mujeres / Eduardo Galeano. — México, D. F. :
           Siglo XXI Editores, 2015.

              240 p. — (La creación literaria)

              ISBN-13: 978-607-03-0654-9

              1. Literatura uruguaya.   I. t. II. ser

---

diseño de portada: rag
ilustración de portada: artesanía en olinda, brasil,
imagen reproducida con permiso de www.setemalas.com.br

primera edición, abril 2015
© eduardo galeano
© siglo xxi editores, s. a. de c. v.

isbn 978-607-03-0654-9

derechos reservados conforme a la ley
impreso en litográfica ingramex, s.a. de c.v.
centeno 162-1
col. granjas esmeralda
09810 méxico, d.f.

EDUARDO GALEANO
Mujeres

Leolo, el personaje de la bellísima película de Jean-Claude Lauzon, asediado por la locura y el horror, se repetía:

> Porque sueño, no estoy loco,
> porque sueño, no lo estoy...

Galeano nos narra un mundo loco, pero lleno de dignidad y sueños.

Esta selección debía hacerse, pues, a través del sueño y de la poesía.

Cada mujer representa a todas las mujeres. Todas ellas nos salvan de la locura.

> Porque Galeano escribe, yo sueño,
> porque sueño, no lo estoy.

Sherezade

Por vengarse de una, que lo había traicionado, el rey degollaba a todas.

En el crepúsculo se casaba y al amanecer enviudaba.

Una tras otra, las vírgenes perdían la virginidad y la cabeza.

Sherezade fue la única que sobrevivió a la primera noche, y después siguió cambiando un cuento por cada nuevo día de vida.

Esas historias, por ella escuchadas, leídas o imaginadas, la salvaban de la decapitación. Las decía en voz baja, en la penumbra del dormitorio, sin más luz que la luna. Diciéndolas sentía placer, y lo daba, pero tenía mucho cuidado. A veces, en pleno relato, sentía que el rey le estaba estudiando el pescuezo.

Si el rey se aburría, estaba perdida.

Del miedo de morir nació la maestría de narrar.

Fundación de la novela moderna

Hace mil años, dos mujeres japonesas escribieron como si fuera ahora.

Según Jorge Luis Borges y Marguerite Yourcenar, nadie nunca ha escrito una novela mejor que la *Historia de Genji*, de Murasaki Shikibu, magistral recreación de aventuras masculinas y humillaciones femeninas.

Otra japonesa, Sei Shônagon, compartió con Murasaki el raro honor de ser elogiada un milenio después. Su *Libro de la almohada* dio nacimiento al género *zuihitsu*, que literalmente significa *al correr del pincel*. Era un mosaico multicolor, hecho de breves relatos, apuntes, reflexiones, noticias, poemas: esos fragmentos, que parecen dispersos pero son diversos, nos invitan a penetrar en aquel lugar y en aquel tiempo.

La pasión de decir (1)

Marcela estuvo en las nieves del Norte. En Oslo, una noche, conoció a una mujer que canta y cuenta. Entre canción y canción, esa mujer cuenta buenas historias, y las cuenta vichando papelitos, como quien lee la suerte de soslayo.

Esa mujer de Oslo viste una falda inmensa, toda llena de bolsillos. De los bolsillos va sacando papelitos, uno por uno, y en cada papelito hay una buena historia para contar, una historia de fundación y fundamento, y en cada historia hay gente que quiere volver a vivir por arte de brujería. Y así ella va resucitando a los olvidados y a los muertos; y de las profundidades de esa falda van brotando los andares y los amares del bicho humano, que viviendo, que diciendo va.

Tituba

En América del sur había sido cazada, allá en la infancia, y había sido vendida una vez y otra y otra, y de dueño en dueño había ido a parar a la villa de Salem, en América del norte.

Allí, en ese santuario puritano, la esclava Tituba servía en la casa del reverendo Samuel Parris.

Las hijas del reverendo la adoraban. Ellas soñaban despiertas cuando Tituba les contaba cuentos de aparecidos o les leía el futuro en una clara de huevo. Y en el invierno de 1692, cuando las niñas fueron poseídas por Satán y se revolcaron y chillaron, sólo Tituba pudo calmarlas, y las acarició y les susurró cuentos hasta que las durmió en su regazo.

Eso la condenó: era ella quien había metido el infierno en el virtuoso reino de los elegidos de Dios.

Y la maga cuentacuentos fue atada al cadalso, en la plaza pública, y confesó.

La acusaron de cocinar pasteles con recetas diabólicas y la azotaron hasta que dijo que sí.

La acusaron de bailar desnuda en los aquelarres y la azotaron hasta que dijo que sí.

La acusaron de dormir con Satán y la azotaron hasta que dijo que sí.

Y cuando le dijeron que sus cómplices eran dos viejas que jamás iban a la iglesia, la acusada se convirtió en acusadora y señaló con el dedo a ese par de endemoniadas y ya no fue azotada.

Y después otras acusadas acusaron.

Y la horca no paró de trabajar.

Las mujeres de los dioses

1939. San Salvador de Bahía

Ruth Landes, antropóloga norteamericana, viene al Brasil. Quiere conocer la vida de los negros en un país sin racismo. En Río de Janeiro la recibe el ministro Osvaldo Aranha. El ministro le explica que el gobierno se propone limpiar la raza brasileña, sucia de sangre negra, porque la sangre negra tiene la culpa del atraso nacional.

De Río, Ruth viaja a Bahía. Los negros son amplia mayoría en esta ciudad, donde otrora tuvieron su trono los virreyes opulentos en azúcar y en esclavos, y negro es todo lo que aquí vale la pena, desde la religión hasta la comida pasando por la música. Y sin embargo, en Bahía todo el mundo cree, y los negros también, que la piel clara es la prueba de la buena calidad. Todo el mundo, no: Ruth descubre el orgullo de la negritud en las mujeres de los templos africanos.

En esos templos son casi siempre mujeres, sacerdotisas negras, quienes reciben en sus cuerpos a los dioses venidos del África. Resplandecientes y redondas como balas de cañón, ellas ofrecen a los dioses sus cuerpos amplios, que parecen casas donde da gusto llegar y quedarse. En ellas entran los dioses y en ellas bailan. De manos de las sacerdotisas poseídas, el pueblo recibe aliento y consuelo; y por sus bocas escucha las voces del destino.

Las sacerdotisas negras de Bahía aceptan amantes, no maridos. El matrimonio da prestigio, pero quita libertad y alegría. A ninguna le interesa formalizar boda ante el cura o el juez: ninguna quiere ser esposada esposa, señora de. Cabeza erguida, lánguido balanceo: las sacerdotisas se mueven como reinas de la Creación. Ellas condenan a sus hombres al incomparable tormento de sentir celos de los dioses.

Ventana sobre la palabra (4)

Magda Lemonnier recorta palabras de los diarios, palabras de todos los tamaños, y las guarda en cajas. En caja roja guarda las palabras furiosas. En caja verde, las palabras amantes. En caja azul, las neutrales. En caja amarilla, las tristes. Y en caja transparente guarda las palabras que tienen magia.

A veces, ella abre las cajas y las pone boca abajo sobre la mesa, para que las palabras se mezclen como quieran. Entonces, las palabras le cuentan lo que ocurre y le anuncian lo que ocurrirá.

Profecías (1)

En el Perú, una maga me cubrió de rosas rojas y después me leyó la suerte. La maga me anunció:
—Dentro de un mes, recibirás una distinción.
Yo me reí. Me reí por la infinita bondad de esa mujer desconocida, que me regalaba flores y augurios de éxito, y me reí por la palabra distinción, que tiene no sé qué de cómica, y porque me vino a la cabeza un viejo amigo del barrio, que era muy bruto pero certero, y que solía decir, sentenciando, levantando el dedito: «A la corta o a la larga, los escritores se hamburguesan». Así que me reí; y la maga se rió de mi risa.
Un mes después, exactamente un mes después, recibí en Montevideo un telegrama. En Chile, decía el telegrama, me habían *otorgado una distinción*. Era el premio José Carrasco.

Voces de la noche

En este amanecer del año 44 antes de Cristo, Calpurnia despertó llorando.

Ella había soñado que el marido, acribillado a puñaladas, agonizaba en sus brazos.

Y Calpurnia le contó el sueño, y llorando le rogó que se quedara en casa, porque afuera le esperaba el cementerio.

Pero el pontífice máximo, el dictador vitalicio, el divino guerrero, el dios invicto, no podía hacer caso al sueño de una mujer.

Julio César la apartó de un manotazo, y hacia el Senado de Roma caminó su muerte.

La televisión

Me lo contó Rosa María Mateo, una de las figuras más populares de la televisión española. Una mujer le había escrito una carta, desde algún pueblito perdido, pidiéndole que por favor le dijera la verdad:

—Cuando yo la miro, ¿usted me mira?

Rosa María me lo contó, y me dijo que no sabía qué contestar.

A dos voces

Habían crecido juntas, la guitarra y Violeta Parra.
Cuando una llamaba, la otra venía.
La guitarra y ella se reían, se lloraban, se preguntaban, se creían.
La guitarra tenía un agujero en el pecho.
Ella, también.
En el día de hoy de 1967, la guitarra llamó y Violeta no vino.
Nunca más vino.

Ella no olvida

¿Quién conoce y reconoce los atajos de la selva africana?

¿Quién sabe evitar la peligrosa cercanía de los cazadores de marfiles y otras fieras enemigas?

¿Quién reconoce las huellas propias y las ajenas?

¿Quién guarda la memoria de todas y de todos?

¿Quién emite esas señales que los humanos no sabemos escuchar ni descifrar?

¿Esas señales que alarman o ayudan o amenazan o saludan a más de veinte kilómetros de distancia?

Es ella, la elefanta mayor. La más vieja, la más sabia. La que camina a la cabeza de la manada.

El arte de dibujarte

En algún lecho del golfo de Corinto, una mujer contempla, a la luz del fuego, el perfil de su amante dormido.

En la pared, se refleja la sombra.

El amante, que yace a su lado, se irá. Al amanecer se irá a la guerra, se irá a la muerte. Y también la sombra, su compañera de viaje, se irá con él y con él morirá.

Es noche todavía. La mujer recoge un tizón entre las brasas y dibuja, en la pared, el contorno de la sombra.

Esos trazos no se irán.

No la abrazarán, y ella lo sabe. Pero no se irán.

El mundo encoge

Hoy es el Día de las lenguas maternas.
Cada dos semanas, muere una lengua.
El mundo disminuye cuando pierde sus humanos decires, como pierde la diversidad de sus plantas y sus bichos.
En 1974 murió Ángela Loij, una de las últimas indígenas onas de la Tierra del Fuego, allá en el fin del mundo; y la última que hablaba su lengua.
Solita cantaba Ángela, para nadie cantaba, en esa lengua que ya nadie recordaba:

> *Voy andando por las pisadas*
> *de aquellos que se fueron.*
> *Perdida estoy.*

En tiempos idos, los onas adoraban varios dioses. El dios supremo se llamaba Pemaulk.
Pemaulk significaba *Palabra*.

La dama que atravesó tres siglos

Alice nació esclava, en 1686, y esclava vivió ciento dieciséis años.

Cuando murió, en 1802, con ella murió una parte de la memoria de los africanos en América. Alice no sabía leer ni escribir, pero estaba toda llena de voces que contaban y cantaban leyendas llegadas de lejos y también historias vividas de cerca. Algunas de esas historias venían de los esclavos que ella ayudaba a fugarse.

A los noventa años, quedó ciega.

A los ciento dos, recuperó la vista:

—Fue Dios –dijo–. Él no me podía fallar.

La llamaban Alice del Ferry Dunks. Al servicio de su dueño, trabajaba en el ferry que llevaba y traía pasajeros a través del río Delaware.

Cuando los pasajeros, siempre blancos, se burlaban de esta vieja viejísima, ella los dejaba varados en la otra orilla del río. Ellos la llamaban a gritos, pero no había caso. Era sorda la que había sido ciega.

Día de los pueblos indígenas

Rigoberta Menchú nació en Guatemala, cuatro siglos y medio después de la conquista de Pedro de Alvarado y cinco años después de la conquista de Dwight Eisenhower.

En 1982, cuando el ejército arrasó las montañas mayas, casi toda la familia de Rigoberta fue exterminada, y fue borrada del mapa la aldea donde su ombligo había sido enterrado para que echara raíz.

Diez años después, ella recibió el premio Nobel de la Paz. Y declaró:

—Recibo este premio como un homenaje al pueblo maya, aunque llegue con quinientos años de demora.

Los mayas son gente de paciencia. Han sobrevivido a cinco siglos de carnicerías.

Ellos saben que el tiempo, como la araña, teje despacio.

Florence

Florence Nightingale, la enfermera más famosa del mundo, dedicó a la India la mayor parte de sus noventa años de vida, aunque nunca pudo viajar a ese país que amó.

Florence era una enfermera enferma. Había contraído una enfermedad incurable en la guerra de Crimea. Pero desde su dormitorio de Londres escribió una infinidad de artículos y cartas que quisieron revelar la realidad hindú ante la opinión pública británica.

* Sobre la indiferencia imperial ante las hambrunas:
> *Cinco veces más muertos que en la guerra franco-prusiana. Nadie se entera. No decimos nada de la hambruna en Orissa, cuando un tercio de su población fue deliberadamente autorizada a blanquear los campos con sus huesos.*

* Sobre la propiedad rural:
> *El tambor paga por ser golpeado. El campesino pobre paga por todo lo que hace, y por todo lo que el terrateniente no hace y hace que el campesino pobre haga en su lugar.*

* Sobre la justicia inglesa en la India:
   Nos dicen que el campesino pobre tiene la justicia inglesa para defenderse. No es así. Ningún hombre tiene lo que no puede usar.

* Sobre la paciencia de los pobres:
   Las revueltas agrarias pueden convertirse en algo normal en toda la India. No tenemos ninguna seguridad de que todos esos millones de hindúes silenciosos y pacientes seguirán por siempre viviendo en el silencio y la paciencia. Los mudos hablarán y los sordos escucharán.

Louise

—Quiero saber lo que saben –explicó ella.

Sus compañeros de destierro le advirtieron que esos salvajes no sabían nada más que comer carne humana:

—No saldrás viva.

Pero Louise Michel aprendió la lengua de los nativos de Nueva Caledonia y se metió en la selva y salió viva.

Ellos le contaron sus tristezas y le preguntaron por qué la habían mandado allí:

—¿Mataste a tu marido?

Y ella les contó todo lo de la Comuna:

—Ah –le dijeron–. Eres una vencida. Como nosotros.

El peligro de publicar

En el año 2004, el gobierno de Guatemala quebrantó por una vez la tradición de impunidad del poder, y oficialmente reconoció que Myrna Mack había sido asesinada por orden de la presidencia del país.

Myrna había cometido una búsqueda prohibida. A pesar de las amenazas, se había metido en las selvas y las montañas donde deambulaban, exiliados en su propio país, los indígenas que habían sobrevivido a las matanzas militares. Y había recogido sus voces.

En 1989, en un congreso de ciencias sociales, un antropólogo de los Estados Unidos se había quejado de la presión de las universidades que obligaban a producir continuamente:

—En mi país –dijo–, si no publicas, estás muerto.

Y Myrna dijo:

—En mi país, estás muerto si publicas.

Ella publicó.

La mataron a puñaladas.

El festejo que no fue

Los peones de los campos de la Patagonia argentina se habían alzado en huelga, contra los salarios cortísimos y las jornadas larguísimas, y el ejército se ocupó de restablecer el orden.

Fusilar cansa. En esta noche del 17 de febrero de 1922, los soldados, exhaustos de tanto matar, fueron al prostíbulo del puerto San Julián, a recibir su merecida recompensa.

Pero las cinco mujeres que allí trabajaban les cerraron la puerta en las narices y los corrieron al grito de *asesinos, asesinos, fuera de aquí...*

Osvaldo Bayer ha guardado sus nombres. Ellas se llamaban Consuelo García, Ángela Fortunato, Amalia Rodríguez, María Juliache y Maud Foster.

Las putas. Las dignas.

Llorar

Fue en la selva, en la Amazonia ecuatoriana. Los indios shuar estaban llorando a una abuela moribunda. Lloraban sentados, a la orilla de su agonía. Un testigo, venido de otros mundos, preguntó:
—¿Por qué lloran delante de ella, si todavía está viva?
Y contestaron los que lloraban:
—Para que sepa que la queremos mucho.

Las madres de Plaza de Mayo

1977. Buenos Aires

Las madres de Plaza de Mayo, mujeres paridas por sus hijos, son el coro griego de esta tragedia.

Enarbolando las fotos de sus desaparecidos, dan vueltas y vueltas a la pirámide, ante la rosada casa de gobierno, con la misma obstinación con que peregrinan por cuarteles y comisarías y sacristías, secas de tanto llorar, desesperadas de tanto esperar a los que estaban y ya no están, o quizás siguen estando, o quién sabe:

—Me despierto y siento que está vivo –dice una, dicen todas–.

Me voy desinflando mientras pasa la mañana. Se me muere al mediodía. Resucita en la tarde. Entonces vuelvo a creer que llegará y pongo un plato para él en la mesa, pero se vuelve a morir y a la noche me caigo dormida sin esperanza. Me despierto y siento que está vivo...

Las llaman *locas*. Normalmente no se habla de ellas. Normalizada la situación, el dólar está barato y cierta gente también. Los poetas locos van al muere y los poetas normales besan la espada y cometen elogios y silencios. Con toda normalidad el ministro de Economía caza leones y jirafas en la selva africana y los generales cazan obreros en los suburbios de Buenos Aires. Nuevas normas de lenguaje obligan a llamar Proceso de Reorganización Nacional a la dictadura militar.

Celebración de la amistad

Juan Gelman me contó que una señora se había batido a paraguazos, en una avenida de París, contra toda una brigada de obreros municipales. Los obreros estaban cazando palomas cuando ella emergió de un increíble Ford a bigotes, un coche de museo, de aquellos que arrancaban a manivela; y blandiendo su paraguas, se lanzó al ataque.

A mandobles se abrió paso, y su paraguas justiciero rompió las redes donde las palomas habían sido atrapadas. Entonces, mientras las palomas huían en blanco alboroto, la señora la emprendió a paraguazos contra los obreros.

Los obreros no atinaron más que a protegerse, como pudieron, con los brazos, y balbuceaban protestas que ella no oía: más respeto, señora, haga el favor, estamos trabajando, son órdenes superiores, señora, por qué no le pega al alcalde, cálmese, señora, qué bicho la picó, se ha vuelto loca esta mujer...

Cuando a la indignada señora se le cansó el brazo, y se apoyó en una pared para tomar aliento, los obreros exigieron una explicación.

Después de un largo silencio, ella dijo:

—Mi hijo murió.

Los obreros dijeron que lo lamentaban mucho, pero que ellos no tenían la culpa. También dijeron que esa mañana había mucho que hacer, usted comprenda...

—Mi hijo murió –repitió ella.

Y los obreros: que sí, que sí, pero que ellos se estaban ganando el pan, que hay millones de palomas sueltas por todo París, que las jodidas palomas son la ruina de esta ciudad...

—Cretinos –los fulminó la señora.

Y lejos de los obreros, lejos de todo, dijo:

—Mi hijo murió y se convirtió en paloma.

Los obreros callaron y estuvieron un largo rato pensando. Y por fin, señalando a las palomas que andaban por los cielos y los tejados y las aceras, propusieron:

—Señora: ¿por qué no se lleva a su hijo y nos deja trabajar en paz?

Ella se enderezó el sombrero negro:

—¡Ah, no! ¡Eso sí que no!

Miró a través de los obreros, como si fueran de vidrio, y muy serenamente dijo:

—Yo no sé cuál de las palomas es mi hijo. Y si supiera, tampoco me lo llevaría. Porque ¿qué derecho tengo yo a separarlo de sus amigos?

Las intrusas perturban una tranquila digestión del cuerpo de Dios

1979. Madrid

En una gran iglesia de Madrid, con misa especial se celebra el aniversario de la independencia argentina. Diplomáticos, empresarios y militares han sido invitados por el general Leandro Anaya, embajador de la dictadura que allá lejos se está ocupando de asegurar la herencia de la patria, la fe y demás propiedades.
Bellas luces caen desde los vitrales sobre los rostros y vestimentas de señoras y señores. En domingos como éste, Dios es digno de confianza. Muy de vez en cuando alguna tosecita decora el silencio, mientras el sacerdote va cumpliendo el rito: imperturbable silencio de la eternidad, eternidad de los elegidos del Señor.
Llega el momento de la comunión. Rodeado de guardaespaldas, el embajador argentino se acerca al altar. Se arrodilla, cierra los ojos, abre la boca. Pero ya se despliegan los blancos pañuelos, ya los

pañuelos están cubriendo las cabezas de las mujeres que avanzan por la nave central y las naves laterales: las madres de Plaza de Mayo caminan suavemente, algodonoso rumor, hasta rodear a los guardaespaldas que rodean al embajador. Entonces lo miran fijo. Simplemente, lo miran fijo. El embajador abre los ojos, mira a todas esas mujeres que lo están mirando sin parpadear y traga saliva, mientras se paraliza en el aire la mano del sacerdote con la hostia entre dos dedos.

Toda la iglesia está llena de ellas. De pronto en el templo ya no hay santos ni mercaderes, ni nada más que una multitud de mujeres no invitadas, negras vestiduras, blancos pañuelos, todas calladas, todas de pie.

Mármol que respira

Afrodita fue la primera mujer desnuda en la historia de la escultura griega.

Praxíteles la talló con la túnica caída a sus pies, y la ciudad de Cos le exigió que la vistiera. Pero otra ciudad, Cnido, le dio la bienvenida y le ofreció un templo; y en Cnido vivió la más mujer de las diosas, la más diosa de las mujeres.

Aunque estaba encerrada y muy custodiada, los guardias no podían evitar la invasión de los locos por ella.

Un día como hoy, harta de tanto acoso, Afrodita huyó.

Charlotte

1909. Nueva York

¿Qué ocurriría si una mujer despertara una mañana convertida en hombre? ¿Y si la familia no fuera el campo de entrenamiento donde el niño aprende a mandar y la niña a obedecer? ¿Y si hubiera guarderías infantiles? ¿Y si el marido compartiera la limpieza y la cocina? ¿Y si la inocencia se hiciera dignidad? ¿Y si la razón y la emoción anduvieran del brazo? ¿Y si los predicadores y los diarios dijeran la verdad? ¿Y si nadie fuera propiedad de nadie?
Charlotte Gilman delira. La prensa norteamericana la ataca llamándola *madre desnaturalizada;* y más ferozmente la atacan los fantasmas que le habitan el alma y la muerden por dentro. Son ellos, los temibles enemigos que Charlotte contiene, quienes a veces consiguen derribarla. Pero ella cae y se levanta y cae y nuevamente se levanta y vuelve a lanzarse al camino. Esta tenaz caminadora viaja sin descanso por los Estados Unidos y por escrito y por hablado va anunciando un mundo al revés.

Urraca

Fue la primera reina de España.

Urraca gobernó durante diecisiete años; pero la historia clerical dice que no fueron más que cuatro.

Se divorció del marido que le impusieron, harta de agravios y patadas, y lo echó del lecho y del palacio; pero la historia clerical dice que él la repudió.

Para que la Iglesia supiera quién mandaba, y aprendiera a respetar el trono femenino, la reina Urraca encerró en la cárcel al arzobispo de Santiago de Compostela y le arrebató sus castillos, cosa jamás vista en tan cristianas tierras; pero la historia clerical dice que todo eso no fue más que *un estallido de su ánimo mujeril, que rápidamente se desorbitaba, y de su mente llena de pestífero veneno*.

Tuvo amores, amoríos, amantes, y alegremente los celebró; pero la historia clerical dice que fueron *conductas que sonrojaría relatar*.

Teresa

Teresa de Ávila había entrado al convento para salvarse del infierno conyugal. Más valía ser esclava de Dios que sierva de macho.

Pero san Pablo había otorgado tres derechos a las mujeres: obedecer, servir y callar. Y el representante de Su Santidad el Papa condenó a Teresa por ser fémina inquieta y andariega, desobediente y contumaz, que a título de devoción inventa malas doctrinas contra san Pablo, que mandó que las mujeres no enseñasen.

Teresa había fundado en España varios conventos donde las monjas dictaban clases y tenían autoridad, y mucho importaba la virtud y nada el linaje, y a ninguna se le exigía limpieza de sangre.

En 1576, fue denunciada ante la Inquisición, porque su abuelo decía ser cristiano viejo pero era judío converso y porque sus trances místicos eran obra del Diablo metido en cuerpo de mujer.

Cuatro siglos después, Francisco Franco se apoderó del brazo derecho de Teresa, para defenderse del Diablo en su lecho de agonía. Por esas vueltas raras de la vida, por entonces Teresa ya era santa y modelo de la mujer ibérica y sus pedazos habían sido enviados a varias iglesias de España, salvo un pie que fue a parar a Roma.

La abuela

La abuela de Bertha Jensen murió maldiciendo. Ella había vivido toda su vida en puntas de pie, como pidiendo perdón por molestar, consagrada al servicio de su marido y de su prole de cinco hijos, esposa ejemplar, madre abnegada, silencioso ejemplo de virtud: jamás una queja había salido de sus labios, ni mucho menos una palabrota.

Cuando la enfermedad la derribó, llamó al marido, lo sentó ante la cama y empezó. Nadie sospechaba que ella conocía aquel vocabulario de marinero borracho. La agonía fue larga. Durante más de un mes, la abuela vomitó desde la cama un incesante chorro de insultos y blasfemias de los bajos fondos. Hasta la voz le había cambiado. Ella, que nunca había fumado ni bebido nada que no fuera agua o leche, puteaba con voz ronquita. Y así, puteando, murió; y hubo un alivio general en la familia y en el vecindario.

Murió donde había nacido, en el pueblo de Dragor, frente a la mar, en Dinamarca. Se llamaba Inge. Tenía una linda cara de gitana. Le gustaba vestir de rojo y navegar al sol.

María de la Cruz

1961. La Habana

Poco después de la invasión, se reúne el pueblo en la plaza. Fidel anuncia que los prisioneros serán canjeados por medicinas para niños. Después entrega diplomas a cuarenta mil campesinos alfabetizados.

Una vieja insiste en subir a la tribuna, y tanto insiste que por fin la suben. En vano manotea el aire, buscando el altísimo micrófono, hasta que Fidel se lo acomoda:

—Yo quería conocerlo, Fidel. Quería decirle...
—Mire que me voy a poner colorado.

Pero la vieja, mil arrugas, cuatro huesitos, le descerraja elogios y gratitudes. Ella ha aprendido a leer y a escribir a los ciento seis años de edad. Y se presenta. Se llama de nombre María de la Cruz, por ser nacida el mismo día de la invención de la Santa Cruz, y de apellido Semanat, porque Semanat se llamaba la plantación de caña donde ella nació esclava, hija de esclavos, nieta de esclavos. En aquel tiempo los amos mandaban al cepo a los negros que querían letras, explica María de la Cruz, porque los negros eran las máquinas que funcionaban al toque de la campana y al ritmo de los azotes, y por eso ella ha demorado tanto en aprender.

María de la Cruz se apodera de la tribuna. Después de hablar, canta. Después de cantar, baila. Hace más de un siglo que se ha echado a bailar María de la Cruz. Bailando salió del vientre de la madre y bailando atravesó el dolor y el horror hasta llegar aquí, que era donde debía llegar, de modo que ahora no hay quien la pare.

Evita

1935. Buenos Aires

Parece una flaquita del montón, paliducha, desteñida, ni fea ni linda, que usa ropa de segunda mano y repite sin chistar las rutinas de la pobreza. Como todas vive prendida a los novelones de la radio, los domingos va al cine y sueña con ser Norma Shearer y todas las tardecitas, en la estación del pueblo, mira pasar el tren hacia Buenos Aires. Pero Eva Duarte está harta. Ha cumplido quince años y está harta: trepa al tren y se larga.

Esta chiquilina no tiene nada. No tiene padre ni dinero; no es dueña de ninguna cosa. Ni siquiera tiene una memoria que la ayude.

Desde que nació en el pueblo de Los Toldos, hija de madre soltera, fue condenada a la humillación, y ahora es una nadie entre los miles de nadies que los trenes vuelcan cada día sobre Buenos Aires, multitud de provincianos de pelo chuzo y piel morena, obreros y sirvientas que entran en la boca de la ciudad y son por ella devorados: durante la semana Buenos Aires los mastica y los domingos escupe los pedazos.

A los pies de la gran mole arrogante, altas cumbres de cemento, Evita se paraliza. El pánico no la deja hacer otra cosa que estrujarse las manos, rojas de frío, y llorar. Después se traga las lágrimas, aprieta los dientes, agarra fuerte la valija de cartón y se hunde en la ciudad.

Alfonsina

1935. Buenos Aires

A la mujer que piensa se le secan los ovarios. Nace la mujer para producir leche y lágrimas, no ideas; y no para vivir la vida sino para espiarla desde las ventanas a medio cerrar. Mil veces se lo han explicado y Alfonsina Storni nunca lo creyó. Sus versos más difundidos protestan contra el macho enjaulador.

Cuando hace años llegó a Buenos Aires desde provincias, Alfonsina traía unos viejos zapatos de tacones torcidos y en el vientre un hijo sin padre legal. En esta ciudad trabajó en lo que hubiera; y robaba formularios del telégrafo para escribir sus tristezas. Mientras pulía las palabras, verso a verso, noche a noche, cruzaba los dedos y besaba las barajas que anunciaban viajes y herencias y amores.

El tiempo ha pasado, casi un cuarto de siglo; y nada le regaló la suerte. Pero peleando a brazo partido Alfonsina ha sido capaz de abrirse paso en el masculino mundo. Su cara de ratona traviesa nunca falta en las fotos que congregan a los escritores argentinos más ilustres.

Este año, en el verano, supo que tenía cáncer. Desde entonces escribe poemas que hablan del abrazo de la mar y de la casa que la espera allá en el fondo, en la avenida de las madréporas.

Sukaina

En algunas naciones musulmanas, el velo es una cárcel de mujeres: una cárcel ambulante, que en ellas anda.

Pero las mujeres de Mahoma no llevaban la cara cubierta, y el Corán no menciona la palabra velo, aunque sí aconseja que, fuera de casa, las mujeres se cubran el cabello con un manto. Las monjas católicas, que no obedecen al Corán, se cubren el cabello, y muchas mujeres que no son musulmanas usan manto, mantilla o pañuelo en la cabeza, en muchos lugares del mundo.

Pero una cosa es el manto, prenda de libre elección, y otra el velo que, por mandato masculino, obliga a esconder la cara de la mujer.

Una de las más encarnizadas enemigas del tapacaras fue Sukaina, bisnieta de Mahoma, que no sólo se negó a usarlo, sino que lo denunció a gritos.

Sukaina se casó cinco veces, y en sus cinco contratos de matrimonio se negó a aceptar la obediencia al marido.

Concepción

Pasó la vida luchando con alma y vida contra el infierno de las cárceles y por la dignidad de las mujeres, presas de cárceles disfrazadas de hogares.

Contra la costumbre de absolver generalizando, ella llamaba al pan, pan y al vino, vino:

—Cuando la culpa es de todos, es de nadie –decía.

Así se ganó unos cuantos enemigos.

Y aunque a la larga su prestigio ya era indiscutible, a su país le costaba creérselo. Y no sólo a su país: a su época también.

Allá por 1840 y algo, Concepción Arenal había asistido a los cursos de la Facultad de Derecho, disfrazada de hombre, el pecho aplastado por un doble corsé.

Allá por 1850 y algo, seguía disfrazándose de hombre para poder frecuentar las tertulias madrileñas, donde se debatían temas impropios a horas impropias.

Y allá por 1870 y algo, una prestigiosa organización inglesa, la Sociedad Howard para la Reforma de las Prisiones, la nombró representante en España. El documento que la acreditó fue expedido a nombre de *sir Concepción Arenal*.

Cuarenta años después, otra gallega, Emilia Pardo Bazán, fue la primera mujer catedrática en una universidad española. Ningún alumno se dignaba escucharla. Daba clases a nadie.

Sacrílegas

En el año 1901, Elisa Sánchez y Marcela Gracia contrajeron matrimonio en la iglesia de San Jorge, en la ciudad gallega de A Coruña.

Elisa y Marcela se amaban a escondidas. Para normalizar la situación, con boda, sacerdote, acta y foto, hubo que inventar un marido: Elisa se convirtió en Mario, vistió ropa de caballero, se recortó el pelo y habló con otra voz.

Después, cuando se supo, los periódicos de toda España pusieron el grito en el cielo ante *este escándalo asquerosísimo, esta inmoralidad desvergonzada,* y aprovecharon tan lamentable ocasión para vender como nunca, mientras la Iglesia, engañada en su buena fe, denunciaba a la policía el sacrilegio cometido.

Y la cacería se desató.

Elisa y Marcela huyeron a Portugal.

En Oporto las metieron presas.

Cuando escaparon de la cárcel, cambiaron sus nombres y se echaron a la mar.

En la ciudad de Buenos Aires se perdió la pista de las fugitivas.

Susan tampoco pagó

Los Estados Unidos de América vs Susan Anthony, Distrito Norte de Nueva York, junio 18 de 1873.

Fiscal de Distrito Richard Crowley: *El 5 de noviembre de 1872, Susan B. Anthony votó por un representante en el Congreso de los Estados Unidos de América. En ese momento ella era mujer, y supongo que no habrá dudas sobre eso. Ella no tenía derecho de voto. Es culpable de violar la ley.*

Juez Ward Hunt: *La prisionera ha sido juzgada de acuerdo con lo que las leyes establecen.*

Susan Anthony: *Sí, Su Señoría, pero son leyes hechas por hombres, interpretadas por hombres y administradas por hombres a favor de los hombres y contra las mujeres.*

Juez Ward Hunt: *Póngase de pie la prisionera. La sentencia de esta Corte le manda pagar una multa de cien dólares más los costos del proceso.*

Susan Anthony: *Jamás pagaré ni un dólar.*

Campeonas

En el año 2003, se disputó el tercer campeonato mundial de fútbol femenino.

Al fin del torneo, las jugadoras alemanas fueron campeonas; y en el año 2007 nuevamente alzaron el trofeo mundial.

Ellas no habían recorrido un camino de rosas.

Desde 1955, y hasta 1970, el fútbol había sido prohibido a las mujeres alemanas.

La Asociación Alemana de Fútbol había explicado por qué: *En la lucha por la pelota, desaparece la elegancia femenina, y el cuerpo y el alma sufren daños. La exhibición del cuerpo ofende al pudor.*

Tamara vuela dos veces

1983. Lima

Rosa fue torturada, bajo control de un médico que mandaba parar, y violada, y fusilada con balas de fogueo. Pasó ocho años presa, sin proceso ni explicaciones, hasta que el año pasado la expulsaron de la Argentina. Ahora, en el aeropuerto de Lima, espera. Por encima de los Andes, su hija Tamara viene volando hacia ella.

Tamara viaja acompañada por dos de las abuelas que la encontraron. Devora todo lo que le sirven en el avión, sin dejar una miga de pan ni un grano de azúcar.

En Lima, Rosa y Tamara se descubren. Se miran al espejo, juntas, y son idénticas: los mismos ojos, la misma boca, los mismos lunares en los mismos lugares.

Cuando llega la noche, Rosa baña a su hija. Al acostarla, le siente un olor lechoso, dulzón; y vuelve a bañarla. Y otra vez. Y por más jabón que le mete, no hay manera de quitarle ese olor. Es un olor raro... Y de pronto, Rosa recuerda. Éste es el olor de los bebitos cuando acaban de mamar: Tamara tiene diez años y esta noche huele a recién nacida.

Navegaciones

La llamaban la Mulata de Córdoba, no se sabe por qué. Mulata era, pero había nacido en el puerto de Veracruz, y allí vivía desde siempre.

Se decía que era hechicera. Allá por el año 1600 y pico, el toque de sus manos curaba a los enfermos y enloquecía a los sanos.

Sospechando que el Demonio la habitaba, la Santa Inquisición la encerró en la fortaleza de la isla de San Juan de Ulúa.

En su celda, ella encontró un carbón, que algún antiguo fuego había dejado allí.

Con ese carbón se puso a garabatear la pared; y su mano dibujó, sin querer queriendo, un barco. Y el barco se desprendió de la pared y a la mar abierta se llevó a la prisionera.

La primera almiranta

La batalla de Salamina culminó cinco siglos antes de Cristo.

Artemisa, primera almiranta de la historia universal, había advertido a Jerjes, rey de Persia: el estrecho de Dardanelos era mal lugar para que las pesadas naves persas combatieran contra los ágiles trirremes griegos.

Jerjes no la escuchó.

Pero en plena batalla, cuando su flota estaba sufriendo tremenda paliza, no tuvo más remedio que dejar el mando en manos de Artemisa, y así pudo salvar, al menos, algunos barcos y algo de honra.

Jerjes, avergonzado, reconoció:

—Los hombres se han convertido en mujeres, y las mujeres en hombres.

Mientras tanto, lejos de allí, un niño llamado Heródoto cumplía sus primeros cinco años de vida.

Tiempo después, él contó esta historia.

Hatshepsut

Su esplendor y su forma eran divinas, doncella hermosa y floreciente.
Así se describió, modestamente, la hija mayor de Tutmosis. Hatshepsut, la que ocupó su trono, guerrera hija de guerrero, decidió llamarse *rey* y no reina. Porque reinas, mujeres de reyes, había habido otras, pero Hatshepsut era única, la hija del sol, la mandamás, la de veras.

Y este faraón con tetas usó casco y manto de macho y barba de utilería, y dio a Egipto veinte años de prosperidad y gloria.

El sobrinito por ella criado, que de ella había aprendido las artes de la guerra y del buen gobierno, mató su memoria. Él mandó que esa usurpadora del poder masculino fuera borrada de la lista de los faraones, que su nombre y su imagen fueran suprimidos de las pinturas y de las estelas y que fueran demolidas las estatuas que ella había erigido a su propia gloria.

Pero algunas estatuas y algunas inscripciones se salvaron de la purga, y gracias a esa ineficiencia sabemos que sí existió una faraona disfrazada de hombre, la mortal que no quiso morir, la que anunció: *Mi halcón vuela hacia la eternidad, más allá de las banderas del reino...*

Tres mil cuatrocientos años después, fue encontrada su tumba. Vacía. Dicen que ella estaba en otro lado.

Amazonas

Las amazonas, temibles mujeres, habían peleado contra Hércules, cuando era Heracles, y contra Aquiles en la guerra de Troya. Odiaban a los hombres y se cortaban el seno derecho para que sus flechazos fueran más certeros.

El gran río que atraviesa el cuerpo de América de lado a lado, se llama Amazonas por obra y gracia del conquistador español Francisco de Orellana.

Él fue el primer europeo que lo navegó, desde los adentros de la tierra hasta las afueras de la mar. Volvió a España con un ojo menos, y contó que sus bergantines habían sido acribillados a flechazos por mujeres guerreras, que peleaban desnudas, rugían como fieras y cuando sentían hambre de amores secuestraban hombres, los besaban en la noche y los estrangulaban al amanecer.

Y por dar prestigio griego a su relato, Orellana dijo que ellas eran aquellas amazonas adoradoras de la diosa Diana, y con su nombre bautizó al río donde tenían su reino.

Aixa

Seis siglos después de la muerte de Jesús, murió Mahoma.

El fundador del Islam, que por permiso de Alá había tenido doce esposas, casi todas simultáneas, dejó nueve viudas. Por prohibición de Alá, ninguna volvió a casarse.

Aixa, la más joven, había sido la preferida.

Tiempo después, ella encabezó un alzamiento armado contra el gobierno del califa Alí.

En nuestro tiempo, muchas mezquitas impiden el paso a las mujeres, pero en los tiempos aquellos las mezquitas fueron los lugares donde Aixa pronunció las arengas que encendieron los fuegos de la ira popular. Después, montada en su camello, atacó la ciudad de Basora. La prolongada batalla dejó quince mil caídos.

Esa sangría inauguró el odio entre los sunitas y los chiítas, que todavía cobra víctimas. Y algunos teólogos dictaminaron que ésta era la prueba irrefutable de que las mujeres hacen desastres cuando se fugan de la cocina.

La santa guerrera

No había hombre que pudiera con ella, ni en el arado ni en la espada.

En el silencio del huerto, al mediodía, escuchaba voces. Le hablaban los ángeles y los santos, san Miguel, santa Margarita, santa Catalina, y también la voz más alta del Cielo:

—No hay nadie en el mundo que pueda liberar el reino de Francia. Sólo tú.

Y ella lo repetía, en todas partes, siempre citando la fuente:

—Me lo dijo Dios.

Y así, esta campesina analfabeta, nacida para cosechar hijos, encabezó un gran ejército, que a su paso crecía.

La doncella guerrera, virgen por mandato divino o por pánico masculino, avanzaba de batalla en batalla.

Lanza en mano, cargando a caballo contra los soldados ingleses, fue invencible. Hasta que fue vencida.

Los ingleses la hicieron prisionera y decidieron que los franceses se hicieran cargo de esa loca.

Por Francia y su rey se había batido, en nombre de Dios, y los funcionarios del rey de Francia y los funcionarios de Dios la mandaron a la hoguera.

Ella, rapada, encadenada, no tuvo abogado. Los jueces, el fiscal, los expertos de la Inquisición, los obispos, los priores, los canónigos, los notarios y los testigos coincidieron con la docta Universidad de la Sorbona, que dictaminó que la acusada era cismática, apóstata, mentirosa, adivinadora, sospechosa de herejía, errante en la fe y blasfemadora de Dios y de los santos.

Tenía diecinueve años cuando fue atada a una estaca en la plaza del mercado de Rouan, y el verdugo encendió la leña.

Después, su patria y su Iglesia, que la habían asado, cambiaron de opinión. Ahora, Juana de Arco es heroína y santa, símbolo de Francia y emblema de la Cristiandad.

Libertadoras brasileñas

Hoy, 3 de marzo, culminó, en 1770, el reinado de Teresa de Benguela en Quariterê.

Éste había sido uno de los santuarios de libertad de los esclavos fugitivos en Brasil. Durante veinte años, Teresa había enloquecido a los soldados del gobernador de Mato Grosso. No pudieron atraparla viva.

En los escondites de la floresta, hubo unas cuantas mujeres que además de cocinar y parir fueron capaces de combatir y mandar, como Zacimba Gambá en Espírito Santo, Mariana Crioula en el interior de Río de Janeiro, Zeferina en Bahía y Felipa María Aranha en Tocantins.

En Pará, a orillas del río Trombetas, no había quien discutiera las órdenes de la Mãe Domingas.

En el vasto refugio de Palmares, en Alagoas, la princesa africana Aqualtune gobernó una aldea libre, hasta que fue incendiada por las tropas coloniales en 1677.

Todavía existe, y se llama Conceição das Crioulas, en Pernambuco, la comunidad que en 1802 fundaron dos negras fugitivas, las hermanas Francisca y Mendecha Ferreira.

Cuando las tropas esclavistas andaban cerca, las esclavas liberadas llenaban de semillas sus frondosas cabelleras africanas. Como en otros lugares de las Américas, convertían sus cabezas en graneros, por si había que salir huyendo a la disparada.

Libertadoras mexicanas

Y se acabó la fiesta del Centenario, y toda esa fulgurante basura fue barrida.
Y estalló la revolución.
La historia recuerda a los jefes revolucionarios, Zapata, Villa y otros machos machos. Las mujeres, que en silencio vivieron, al olvido se fueron.
Algunas pocas guerreras se negaron a ser borradas:

Juana Ramona, la Tigresa, que tomó varias ciudades por asalto;
Carmen Vélez, la Generala, que dirigió a trescientos hombres;
Ángela Jiménez, maestra en dinamitas, que decía ser Ángel Jiménez;
Encarnación Mares, que se cortó las trenzas y llegó a subteniente escondiéndose bajo el ala del sombrerote, *para que no se me vea la mujer en los ojos;*
Amelia Robles, que tuvo que ser Amelio, y llegó a coronel;
Petra Ruiz, que tuvo que ser Pedro, la que más balas echó para abrir las puertas de la ciudad de México;

Rosa Bobadilla, hembra que se negó a ser hombre y con su nombre peleó más de cien batallas;

y María Quinteras, que había pactado con el Diablo y ni una sola batalla perdió. Los hombres obedecían sus órdenes. Entre ellos, su marido.

Harriet

Ocurre a mediados del siglo diecinueve.

Se fuga. Harriet Tubman se lleva de recuerdo las cicatrices en la espalda y una hendidura en el cráneo.

Al marido no se lo lleva. Él prefiere seguir siendo esclavo y padre de esclavos:

—Estás loca –le dice–. Podrás escaparte, pero no podrás contarlo.

Ella se escapa, lo cuenta, regresa, se lleva a sus padres, vuelve a regresar y se lleva a sus hermanos. Y hace diecinueve viajes desde las plantaciones del sur hasta las tierras del norte, y atravesando la noche, de noche en noche, libera a más de trescientos negros.

Ninguno de sus fugitivos ha sido capturado. Dicen que Harriet resuelve con un tiro los agotamientos y los arrepentimientos que ocurren a medio camino. Y dicen que ella dice:

—A mí no se me pierde ningún pasajero.

Es la cabeza más cara de su tiempo. Cuarenta mil dólares fuertes se ofrecen en recompensa.

Nadie los cobra.

Sus disfraces de teatro la hacen irreconocible y ningún cazador puede competir con su maestría en el arte de despistar pistas y de inventar caminos.

El derecho a la valentía

En 1816, el gobierno de Buenos Aires otorgó el grado de teniente coronel a Juana Azurduy, *en virtud de su varonil esfuerzo.*

En la guerra de la independencia, ella había encabezado a los guerrilleros que arrancaron el cerro de Potosí de manos españolas.

Las mujeres tenían prohibido meterse en los masculinos asuntos de la guerra, pero los oficiales machos no tenían más remedio que admirar *el viril coraje de esta mujer.*

Al cabo de mucho galopar, cuando ya la guerra había matado a su marido y a cinco de sus seis hijos, también Juana murió. Murió en la pobreza, pobre entre los pobres, y fue arrojada a la fosa común.

Casi dos siglos después, el gobierno argentino, presidido por una mujer, la ascendió al grado de generala del ejército, *en homenaje a su femenina valentía.*

Olga y él

1936. Río de Janeiro

A la cabeza de su ejército rebelde, Luis Carlos Prestes había atravesado a pie el inmenso Brasil de punta a punta, ida y vuelta desde las praderas del sur hasta los desiertos del nordeste, a través de la selva amazónica. En tres años de marcha, la Columna Prestes había peleado contra la dictadura de los señores del café y del azúcar sin sufrir jamás una derrota. De modo que Olga Benário lo imaginaba gigantesco y devastador. Menuda sorpresa se llevó cuando conoció al gran capitán. Prestes resultó ser un hombrecito frágil, que se ponía colorado cuando Olga lo miraba a los ojos. Ella, fogueada en las luchas revolucionarias en Alemania, militante sin fronteras, se vino al Brasil. Y él, que nunca había conocido mujer, fue por ella amado y fundado.

Al tiempo, caen presos los dos. Se los llevan a cárceles diferentes.

Desde Alemania, Hitler reclama a Olga por judía y comunista, sangre vil, viles ideas, y el presidente brasileño, Getúlio Vargas, se la entrega. Cuando los soldados llegan a buscarla a la cárcel, se amotinan los presos. Olga acaba con la revuelta, para evitar una matanza inútil, y se deja llevar. Asomado a la rejilla de su celda, el novelista Graciliano Ramos la ve pasar, esposada, panzona de embarazo.

En los muelles, la espera un navío que ostenta la cruz esvástica. El capitán tiene órdenes de no parar hasta Hamburgo. Allá Olga será encerrada en un campo de concentración, asfixiada en una cámara de gas, carbonizada en un horno.

El divorcio como medida higiénica

En 1953, se estrenó en México una película de Luis Buñuel llamada *Él.*

Buñuel, desterrado español, había filmado la novela de una desterrada española, Mercedes Pinto, que contaba los suplicios de la vida conyugal.

Tres semanas duró en cartel. El público se reía como si fuera una de Cantinflas.

La autora de la novela había sido expulsada de España en 1923. Ella había cometido el sacrilegio de dictar una conferencia en la Universidad de Madrid cuyo título ya la hacía insoportable: *El divorcio como medida higiénica.*

El dictador Miguel Primo de Rivera la mandó llamar. Habló en nombre de la Iglesia católica, la Santa Madre, y en pocas palabras le dijo todo:

—Usted se calla, o se va.

Y Mercedes Pinto se fue.

A partir de entonces, su paso creativo, que despertaba el piso que pisaba, dejó huella en Uruguay, en Bolivia, en Argentina, en Cuba, en México…

Alarma: ¡Bicicletas!

—La bicicleta ha hecho más que nada y más que nadie por la emancipación de las mujeres en el mundo –decía Susan Anthony.

Y decía su compañera de lucha, Elizabeth Stanton:

—Las mujeres viajamos, pedaleando, hacia el derecho de voto.

Algunos médicos, como Philippe Tissié, advertían que la bicicleta podía provocar aborto y esterilidad, y otros colegas aseguraban que este indecente instrumento inducía a la depravación, porque daba placer a las mujeres que frotaban sus partes íntimas contra el asiento.

La verdad es que, por culpa de la bicicleta, las mujeres se movían por su cuenta, desertaban del hogar y disfrutaban el peligroso gustito de la libertad. Y por culpa de la bicicleta, el opresivo corsé, que impedía pedalear, salía del ropero y se iba al museo.

Doria

En El Cairo, en 1951, mil quinientas mujeres invadieron el Parlamento.
Durante horas estuvieron allí, y no había manera de sacarlas. Clamaban que el Parlamento era mentira, porque la mitad de la población no podía votar ni ser votada.
Los líderes religiosos, representantes del cielo, en el cielo pusieron el grito: *¡El voto degrada a la mujer y contradice a la naturaleza!*
Los líderes nacionalistas, representantes de la patria, denunciaron por traición a la patria a las militantes del sufragio femenino.
El derecho al voto costó, pero a la larga salió. Fue una de las conquistas de la Unión de Hijas del Nilo. Entonces el gobierno prohibió que se convirtieran en partido político, y condenó a prisión domiciliaria a Doria Shafik, que era el símbolo vivo del movimiento.
Eso nada tenía de raro. Casi todas las mujeres egipcias estaban condenadas a prisión domiciliaria. No podían moverse sin permiso del padre o del marido, y muchas eran las que sólo salían de casa en tres ocasiones: para ir a La Meca, para ir a su boda y para ir a su entierro.

Alicia Moreau

1977. Buenos Aires

A veces se le va la mano en la fe, y anuncia la revolución social de no muy realista manera, o se dispara públicamente en furias contra el poder militar y el Papa de Roma. Pero, ¿qué sería de las madres de Plaza de Mayo sin el entusiasmo de esta muchacha? Ella no deja que las madres se vengan abajo, cuando ya parecen vencidas por tanto silencio y burla:

—Siempre se puede hacer algo –les dice–. Unidas. Cada una por su lado, no. Vamos a... Tenemos que...

Y recoge el bastón y es la primera en moverse.

Alicia Moreau ya va para cien años. Está en la lucha desde los tiempos en que los socialistas no bebían más que agua ni cantaban otra cosa que la Internacional. Desde entonces han ocurrido maravillas y traiciones en cantidad, muchos naceres, muchos morires, y a pesar de todos los pesares ella sigue creyendo que creer vale la pena. Alicia Moreau está airosa y briosa como a principios de siglo, cuando discurseaba en los barrios obreros de Buenos Aires, parada sobre un cajón, entre banderas rojas, y atravesaba la cordillera de los Andes a lomo de mula, apurando el paso para no llegar tarde al congreso feminista.

Fue

Elisa Lynch estaba cavando la tumba con las uñas.

Los soldados vencedores, atónitos, la dejaban hacer.

Los zarpazos de esta mujer alzaban nubes de polvo rojo y sacudían la rojiza melena que le llovía sobre la cara.

Solano López yacía a su lado.

Ella, mutilada de él, no lo lloraba, no lo miraba: le iba arrojando tierra encima, inútiles manotazos que querían enterrarlo en la tierra que había sido su tierra.

Él ya no era, y el Paraguay ya no era.

Cinco años había durado la guerra.

Había caído, asesinado, el único país latinoamericano que negaba obediencia a los banqueros y a los mercaderes.

Y mientras Elisa seguía echando puñados de tierra sobre el hombre que había sido su hombre, el sol se iba, y con el sol se iba este maldito día del año 1870.

Desde la fronda del cerro Corá, unos pocos pájaros le decían adiós.

Comuneras

Todo el poder a los barrios. Cada barrio era una asamblea.

Y en todas partes, ellas: obreras, costureras, panaderas, cocineras, floristas, niñeras, limpiadoras, planchadoras, cantineras. El enemigo llamaba *pétroleuses,* incendiarias, a estas fogosas que exigían los derechos negados por la sociedad que tantos deberes les exigía.

El sufragio femenino era uno de esos derechos. En la revolución anterior, la de 1848, el gobierno de la Comuna lo había rechazado por ochocientos noventa y nueve votos en contra y uno a favor. (Unanimidad menos uno.)

Esta segunda Comuna seguía sorda a las demandas de las mujeres, pero mientras duró, lo poco que duró, ellas opinaron en todos los debates y alzaron barricadas y curaron heridos y dieron de comer a los soldados y empuñaron las armas de los caídos y peleando cayeron, con el pañuelo rojo al cuello, que era el uniforme de sus batallones.

Después, en la derrota, cuando llegó la hora de la venganza del poder ofendido, más de mil mujeres fueron procesadas por los tribunales militares.

Una de las condenadas a deportación fue Louise Michel. Esta institutriz anarquista había ingresado a la lucha con una vieja carabina y en combate había ganado un fusil Remington, nuevito. En la confusión final, se salvó de morir; pero la mandaron muy lejos. Fue a parar a la isla de Nueva Caledonia.

Matilde

Cárcel de Palma de Mallorca, otoño de 1942: la oveja descarriada.
Está todo listo. En formación militar, las presas aguardan. Llegan el obispo y el gobernador civil. Hoy Matilde Landa, roja y jefa de rojos, atea convicta y confesa, será convertida a la fe católica y recibirá el santo sacramento del bautismo. La arrepentida se incorporará al rebaño del Señor y Satanás perderá a una de las suyas.
Se hace tarde.
Matilde no aparece.
Está en la azotea, nadie la ve.
Desde allá arriba se arroja.
El cuerpo estalla, como una bomba, contra el patio de la prisión.
Nadie se mueve.
Se cumple la ceremonia prevista.
El obispo hace la señal de la Cruz, lee una página de los evangelios, exhorta a Matilde a renunciar al Mal, recita el Credo y toca su frente con agua consagrada.

El zapato

En 1919, la revolucionaria Rosa Luxemburgo fue asesinada en Berlín.

Los asesinos la rompieron a golpes de fusil y la arrojaron a las aguas de un canal.

En el camino, ella perdió un zapato.

Alguna mano recogió ese zapato, tirado en el barro.

Rosa quería un mundo donde la justicia no fuera sacrificada en nombre de la libertad, ni la libertad fuera sacrificada en nombre de la justicia.

Cada día, alguna mano recoge esa bandera.

Tirada en el barro, como el zapato.

La diosa

La noche de Iemanyá, toda la costa es una fiesta. Bahía, Río de Janeiro, Montevideo y otras orillas celebran a la diosa de la mar. La multitud enciende en la arena un lucerío de velas, y arroja a las aguas un jardín de flores blancas y también perfumes, collares, tortas, caramelos y otras coqueterías y golosinas que a ella tanto le gustan.

Entonces los creyentes piden algún deseo:

>el mapa del tesoro escondido,
>la llave del amor prohibido,
>el regreso de los perdidos,
>la resurrección de los queridos.

Mientras los creyentes piden, sus deseos se realizan. Quizás el milagro no dure más que las palabras que lo nombran, pero mientras ocurre esa fugaz conquista de lo imposible, los creyentes son luminosos y brillan en la noche.

Cuando el oleaje se lleva las ofrendas, ellos retroceden, de cara al horizonte, por no dar la espalda a la diosa. Y, a paso muy lento, regresan a la ciudad.

Mexicanas

Tlazoltéotl, luna mexicana, diosa de la noche huasteca, pudo hacerse un lugarcito en el panteón macho de los aztecas.

Ella era la madre madrísima que protegía a las paridas y a las parteras y guiaba el viaje de las semillas hacia las plantas. Diosa del amor y también de la basura, condenada a comer mierda, encarnaba la fecundidad y la lujuria.

Como Eva, como Pandora, Tlazoltéotl tenía la culpa de la perdición de los hombres; y las mujeres que nacían en su día vivían condenadas al placer.

Y cuando la tierra temblaba, por vibración suave o terremoto devastador, nadie dudaba:

—Es ella.

Maria Padilha

Ella es Exú y también es una de sus mujeres, espejo y amante: Maria Padilha, la más puta de las diablas con las que Exú gusta revolcarse en las hogueras.

No es difícil reconocerla cuando entra en algún cuerpo. Maria Padilha chilla, aúlla, insulta y ríe de muy mala manera, y al fin del trance exige bebidas caras y cigarrillos importados. Hay que darle trato de gran señora y rogarle mucho para que ella se digne ejercer su reconocida influencia ante los dioses y los diablos que más mandan.

Maria Padilha no entra en cualquier cuerpo. Ella elige, para manifestarse en este mundo, a las mujeres que en los suburbios de Río se ganan la vida entregándose por monedas. Así, las despreciadas se vuelven dignas de devoción: la carne de alquiler sube al centro del altar. Brilla más que todos los soles la basura de la noche.

Isis

Como Osiris, Isis aprendió en Egipto los misterios del nacimiento incesante.

Conocemos su imagen: esta diosa madre dando de mamar a su hijo Horus, como mucho después la Virgen María amamantó a Jesús. Pero Isis nunca fue muy virgen, que digamos. Hizo el amor con Osiris, desde que se estaban formando, juntos, en el vientre de la madre, y ya crecida ejerció durante diez años, en la ciudad de Tiro, el oficio más antiguo.

En los miles de años siguientes, Isis anduvo mucho mundo, dedicada a resucitar a las putas, a los esclavos y demás malditos.

En Roma fundó templos en medio del pobrerío, a la orilla de los burdeles. Los templos fueron arrasados, por orden imperial, y fueron crucificados sus sacerdotes; pero esas mulas tozudas volvieron a la vida una y otra vez.

Y cuando los soldados del emperador Justiniano trituraron el santuario de Isis en la isla Filae, en el Nilo, y sobre las ruinas alzaron la católica iglesia de San Esteban, los peregrinos de Isis siguieron acudiendo a rendir homenaje a su diosa pecadora, ante el altar cristiano.

Cleopatra

Sus cortesanas la bañan en leche de burra y miel. Después de ungirla en zumos de jazmines, lirios y madreselvas, depositan su cuerpo desnudo en almohadones de seda rellenos de plumas.

Sobre sus párpados cerrados, hay finas rodajas de áloe. En la cara y el cuello, emplastes hechos de bilis de buey, huevos de avestruz y cera de abejas.

Cuando despierta de la siesta, ya hay luna en el cielo.

Las cortesanas impregnan de rosas sus manos y perfuman sus pies con elixires de almendras y flores de azahar. Sus axilas exhalan fragancias de limón y de canela, y los dátiles del desierto dan aroma a su cabellera, brillante de aceite de nuez.

Y llega el turno del maquillaje. Polvo de escarabajos colorea sus mejillas y sus labios. Polvo de antimonio dibuja sus cejas. El lapislázuli y la malaquita pintan un antifaz de sombras azules y sombras verdes en torno de sus ojos.

En su palacio de Alejandría, Cleopatra entra en su última noche.

La última faraona,
la que no fue tan bella como dicen,

    la que fue mejor reina de lo que dicen,
    la que hablaba varias lenguas y entendía de economía y otros misterios masculinos,
    la que deslumbró a Roma,
    la que desafió a Roma,
    la que compartió cama y poder con Julio César y Marco Antonio,
    viste ahora sus más deslumbrantes ropajes y lentamente se sienta en su trono, mientras las tropas romanas avanzan contra ella.

Julio César ha muerto, Marco Antonio ha muerto.
Las defensas egipcias caen.
Cleopatra manda abrir la cesta de paja.
Suena el cascabel.
Se desliza la serpiente.
Y la reina del Nilo abre su túnica y le ofrece sus pechos desnudos, brillantes de polvo de oro.

Teodora

Ravena debía obediencia al emperador Justiniano y a la emperatriz Teodora, aunque las afiladas lenguas de la ciudad se deleitaban evocando el turbio pasado de esa mujer, las danzas en los bajos fondos de Constantinopla, los gansos picoteando semillas de cebada en su cuerpo desnudo, sus gemidos de placer, los rugidos del público...

Pero eran otros los pecados que la puritana ciudad de Ravena no le podía perdonar. Los había cometido después de su coronación. Por culpa de Teodora, el imperio cristiano bizantino había sido el primer lugar en el mundo donde el aborto era un derecho,
    no se penaba con muerte el adulterio,
    las mujeres tenían derecho de herencia,
    estaban protegidas las viudas y los hijos ilegales,
    el divorcio de la mujer ya no era una hazaña imposible
    y ya no estaban prohibidas las bodas de los nobles cristianos con mujeres de clases subalternas o de religión diferente.

Mil quinientos años después, el retrato de Teodora en la iglesia de San Vital es el mosaico más famoso del mundo.

Esta obra maestra de la pedrería es, también, el símbolo de la ciudad que la odiaba y que ahora vive de ella.

Resurrección de María

María renació en Chiapas.

Fue anunciada por un indio del pueblo de Simojovel, que era primo suyo, y por un ermitaño que no era pariente y vivía dentro de un árbol de Chamula.

Y en el pueblo de Santa Marta Xolotepec, Dominica López estaba cosechando maíz cuando la vio. La mamá de Jesús le pidió que le alzara una ermita, porque estaba cansada de dormir en el monte. Dominica le hizo caso; pero a los pocos días vino el obispo y se llevó presos a Dominica, a María y a todos sus peregrinos.

Entonces María se escapó de la cárcel y se vino al pueblo de Cancuc y habló por boca de una niña que también se llamaba María.

Los mayas tzeltales nunca olvidaron lo que dijo. Habló en lengua de ellos, y con voz ronquita mandó

que no se negasen las mujeres al deseo de sus cuerpos, porque ella se alegraba de esto;
que las mujeres que quisieran se volvieran a casar con otros maridos, porque no eran buenos los casamientos que habían hecho los curas españoles;

y que era cumplida la profecía de sacudir el yugo y restaurar las tierras y la libertad, y que ya no había tributo, ni rey, ni obispo, ni alcalde mayor.

Y el Consejo de Ancianos la escuchó y la obedeció. Y en el año 1712, treinta y dos pueblos indios se alzaron en armas.

Aspasia

En tiempos de Pericles, Aspasia fue la mujer más famosa de Atenas.

Lo que también se podría decir de otra manera: en tiempos de Aspasia, Pericles fue el hombre más famoso de Atenas.

Sus enemigos no le perdonaban que fuera mujer y extranjera, y por agregarle defectos le atribuían un pasado inconfesable y decían que la escuela de retórica, que ella dirigía, era un criadero de jovencitas fáciles.

Ellos la acusaron de despreciar a los dioses, ofensa que podía ser pagada con la muerte. Ante un tribunal de mil quinientos hombres, Pericles la defendió. Aspasia fue absuelta, aunque en su discurso de tres horas Pericles olvidó decir que ella no despreciaba a los dioses pero creía que los dioses nos desprecian y arruinan nuestras efímeras felicidades humanas.

Por entonces, ya Pericles había echado a su esposa de su lecho y de su casa y vivía con Aspasia. Y por defender los derechos del hijo que con ella tuvo, había violado una ley que él mismo había dictado.

Por escuchar a Aspasia, Sócrates interrumpía sus clases. Anaxágoras citaba sus opiniones.

—¿Qué arte o poder tenía esta mujer, para dominar a los políticos más eminentes y para inspirar a los filósofos? –se preguntó Plutarco.

Trótula

Mientras las Cruzadas arrasaban Maarat, Trótula Ruggiero moría en Salerno.

Como la Historia estaba ocupada registrando las hazañas de los guerreros de Cristo, no es mucho lo que se sabe de ella. Se sabe que un cortejo de treinta cuadras la acompañó al cementerio y que fue la primera mujer que escribió un tratado de ginecología, obstetricia y puericultura.

Las mujeres no se atreven a mostrar ante un médico hombre, por pudor y por innata reserva, sus partes íntimas, escribió Trótula. Su tratado recogía la experiencia de una mujer ayudando a otras mujeres en asuntos delicados. Ellas le abrían el cuerpo y el alma, y le confiaban secretos que los hombres no comprendían ni merecían.

Trótula les enseñaba a aliviar la viudez, a simular la virginidad, a sobrellevar el parto y sus trastornos, a evitar el mal aliento, a blanquear la piel y los dientes y *a reparar de los años el irreparable ultraje.*

La cirugía estaba de moda, pero Trótula no creía en el cuchillo. Ella prefería otras terapias: la mano, las hierbas, el oído. Daba masajes cariñosos, recetaba infusiones y sabía escuchar.

Prohibido cantar

Desde el año 1234, la religión católica prohibió que las mujeres cantaran en las iglesias.

Las mujeres, impuras por herencia de Eva, ensuciaban la música sagrada, que sólo podía ser entonada por niños varones o por hombres castrados.

La pena de silencio rigió, durante siete siglos, hasta principios del siglo veinte.

Pocos años antes de que les cerraran la boca, allá por el siglo doce, las monjas del convento de Bingen, a orillas del Rin, podían todavía cantar libremente a la gloria del Paraíso. Para buena suerte de nuestros oídos, la música litúrgica creada por la abadesa Hildegarda, nacida para elevarse en voces de mujer, ha sobrevivido sin que el tiempo la haya gastado ni un poquito.

En su convento de Bingen, y en otros donde predicó, Hildegarda no sólo hizo música: fue mística, visionaria, poeta y médica estudiosa de la personalidad de las plantas y de las virtudes curativas de las aguas. Y también fue la milagrosa fundadora de espacios de libertad para sus monjas, contra el monopolio masculino de la fe.

Bessie

1927. Nueva York

Esta mujer canta sus lastimaduras con la voz de la gloria y nadie puede hacerse el sordo o el distraído. Pulmones de la honda noche: Bessie Smith, inmensamente gorda, inmensamente negra, maldice a los ladrones de la Creación. Sus *blues* son los himnos religiosos de las pobres negras borrachas de los suburbios: anuncian que serán destronados los blancos y machos y ricos que humillan al mundo.

Alexandra

Para que el amor sea natural y limpio, como el agua que bebemos, ha de ser libre y compartido; pero el macho exige obediencia y niega placer. Sin una nueva moral, sin un cambio radical en la vida cotidiana, no habrá emancipación plena. Si la revolución social no miente, debe abolir, en la ley y en las costumbres, el derecho de propiedad del hombre sobre la mujer y las rígidas normas enemigas de la diversidad de la vida.

Palabra más, palabra menos, esto exigía Alexandra Kollontai, la única mujer con rango de ministro en el gobierno de Lenin.

Gracias a ella, la homosexualidad y el aborto dejaron de ser crímenes, el matrimonio ya no fue una condena a pena perpetua, las mujeres tuvieron derecho al voto y a la igualdad de salarios, y hubo guarderías infantiles gratuitas, comedores comunales y lavanderías colectivas.

Años después, cuando Stalin decapitó la revolución, Alexandra consiguió conservar la cabeza. Pero dejó de ser Alexandra.

Cinco mujeres

1978. La Paz

—El enemigo principal, ¿cuál es? ¿La dictadura militar? ¿La burguesía boliviana? ¿El imperialismo? No, compañeros. Yo quiero decirles estito: nuestro enemigo principal es el miedo. Lo tenemos adentro.

Estito dijo Domitila en la mina de estaño de Catavi y entonces se vino a la capital con otras cuatro mujeres y una veintena de hijos. En Navidad empezaron la huelga de hambre. Nadie creyó en ellas. A más de uno le pareció un buen chiste:

—Así que cinco mujeres van a voltear la dictadura.

El sacerdote Luis Espinal es el primero en sumarse. Al rato ya son mil quinientos los que hambrean en toda Bolivia. Las cinco mujeres, acostumbradas al hambre desde que nacieron, llaman al agua *pollo* o *pavo* y *chuleta* a la sal, y la risa las alimenta. Se multiplican mientras tanto los huelguistas de hambre, tres mil, diez mil, hasta que son incontables los bolivianos que dejan de comer y dejan de trabajar y veintitrés días después del comienzo de la huelga de hambre el pueblo invade las calles y ya no hay manera de parar esto.

Las cinco mujeres han volteado la dictadura militar.

El pueblo argentino desnudo de ella

1952. Buenos Aires

¡Viva el cáncer!, escribió alguna mano enemiga en un muro de Buenos Aires. La odiaban, la odian, los biencomidos: por pobre, por mujer, por insolente. Ella los desafiaba hablando y los ofendía viviendo. Nacida para sirvienta, o a lo sumo para actriz de melodramas baratos, Evita se había salido de su lugar.

La querían, la quieren, los malqueridos: por su boca ellos decían y maldecían. Además, Evita era el hada rubia que abrazaba al leproso y al haraposo y daba paz al desesperado, el incesante manantial que prodigaba empleos y colchones, zapatos y máquinas de coser, dentaduras postizas, ajuares de novia. Los míseros recibían estas caridades desde al lado, no desde arriba, aunque Evita luciera joyas despampanantes y en pleno verano ostentara abrigos de visón. No es que le perdonaran el lujo: se lo celebraban. No se sentía el pueblo humillado sino vengado por sus atavíos de reina.

Ante el cuerpo de Evita, rodeado de claveles blancos, desfila el pueblo llorando. Día tras día, noche tras noche, la hilera de antorchas: una caravana de dos semanas de largo.

   Suspiran, aliviados, los usureros, los mercaderes, los señores de la tierra. Muerta Evita, el presidente Perón es un cuchillo sin filo.

Las mujeres son personas

En el día de hoy, 18 de octubre, del año 1929, la ley reconoció, por primera vez, que las mujeres de Canadá son personas.

Hasta entonces, ellas creían que eran, pero la ley no.

La definición legal de persona no incluye a las mujeres, había sentenciado la Suprema Corte de Justicia.

Emily Murphy, Nellie McClung, Irene Parlby, Henrietta Edwards y Louise McKinney conspiraban mientras tomaban el té.

Ellas derrotaron a la Suprema Corte.

Manuelas

Todos hombres. Pero era una mujer, Manuela Cañizares, quien los reclutaba y los reunía para que conspiraran en su casa.

La noche del 9 de agosto de 1809, los hombres pasaron horas y horas discutiendo, que sí, que no, que quién sabe, y no se decidían a proclamar de una buena vez la independencia de Ecuador. Y una vez más estaban postergando el asunto para mejor ocasión cuando Manuela los encaró y les gritó *cobardes, miedosos, nacidos para la servidumbre.* Y al amanecer del día de hoy, 10 de agosto, se abrió la puerta del nuevo tiempo.

Otra Manuela, Manuela Espejo, también precursora de la independencia americana, fue la primera periodista de Ecuador. Como ése era un oficio impropio para las damas, publicaba con seudónimo sus audaces artículos contra la mentalidad servil que humillaba a su tierra.

Y otra Manuela, Manuela Sáenz, ganó fama perpetua por ser la amante de Simón Bolívar, pero además ella fue ella: la mujer que combatió contra el poder colonial y contra el poder macho y sus hipócritas pacaterías.

Victoria

Madrid, invierno de 1936: Victoria Kent es elegida diputada.

Su popularidad proviene de la reforma de las cárceles.

Cuando inició esa reforma, sus enemigos, numerosos, la acusaron de entregar a España, inerme, en manos de los delincuentes. Pero Victoria, que había trabajado en las prisiones y no conocía de oídas el dolor humano, siguió adelante con su programa:

- cerró las prisiones inhabitables, que eran la mayoría;
- inauguró los permisos de salida;
- liberó a todos los presos mayores de setenta años;
- creó campos de deportes y talleres de trabajo voluntario;
- suprimió las celdas de castigo;
- fundió todas las cadenas, grilletes y rejas
- y convirtió todo ese hierro en una gran escultura de Concepción Arenal.

Ventana sobre la herencia

Pola Bonilla modelaba barros y niños. Ella era ceramista de buena mano y maestra de escuela en los campos de Maldonado; y en los veranos ofrecía a los turistas sus cacharros y chocolate con churros.

Pola adoptó a un negrito nacido en la pobreza, de los muchos que llegan al mundo sin un pan bajo el brazo, y lo crió como hijo.

Cuando ella murió, él ya era hombre crecido y con oficio. Entonces los parientes de Pola le dijeron:

—Entrá en la casa y llevate lo que quieras.

Él salió con la foto de ella bajo el brazo y se perdió en el camino.

Pájaros prohibidos

1976. Libertad

Los presos políticos uruguayos no pueden hablar sin permiso, silbar, sonreír, cantar, caminar rápido ni saludar a otro preso. Tampoco pueden dibujar ni recibir dibujos de mujeres embarazadas, parejas, mariposas, estrellas ni pájaros.

Didaskó Pérez, maestro de escuela, torturado y preso *por tener ideas ideológicas,* recibe un domingo la visita de su hija Milay, de cinco años. La hija le trae un dibujo de pájaros. Los censores se lo rompen a la entrada de la cárcel.

Al domingo siguiente, Milay le trae un dibujo de árboles. Los árboles no están prohibidos, y el dibujo pasa. Didaskó le elogia la obra y le pregunta por los circulitos de colores que aparecen en las copas de los árboles, muchos pequeños círculos entre las ramas:

—¿Son naranjas? ¿Qué frutas son?

La niña lo hace callar:

—Ssshhhh.

Y en secreto le explica:

—Bobo. ¿No ves que son ojos? Los ojos de los pájaros que te traje a escondidas.

La florista

Georgia O'Keeffe vivió pintando, durante casi un siglo, y pintando murió.

Sus cuadros alzaron un jardín en la soledad del desierto.

Las flores de Georgia, clítoris, vulvas, vaginas, pezones, ombligos, eran los cálices de una misa de acción de gracias por la alegría de haber nacido mujer.

Celebración de la realidad

Si la tía de Dámaso Murúa hubiera contado su historia a García Márquez, quizá la *Crónica de una muerte anunciada* habría tenido otro final.

Susana Contreras, que así se llama la tía de Dámaso, tuvo en sus buenos tiempos el culo más incendiario de cuantos se hayan visto llamear en el pueblo de Escuinapa y en todas las comarcas del golfo de California.

Hace muchos años, Susana se casó con uno de los numerosos galanes que sucumbieron a sus meneos. En la noche de bodas, el marido descubrió que ella no era virgen. Entonces se desprendió de la ardiente Susana como si contagiara la peste, dio un portazo y se marchó para siempre.

El despechado se metió a beber en las cantinas, donde los invitados de su fiesta estaban siguiendo la juerga. Abrazado a sus amigotes, él se puso a mascullar rencores y a proferir amenazas, pero nadie se tomaba en serio su tormento cruel. Con benevolencia lo escuchaban, mientras él se tragaba a lo macho las lágrimas que a borbotones pujaban por salir, pero después le decían que chocolate por la noticia, que claro que Susana no era virgen, que todo el pueblo lo sabía menos él, y que al fin y al cabo ése era un detalle que no tenía la menor importancia, y que no seas pendejo, mano, que nomás se vive una vez. Él insistía, y en lugar de gestos de solidaridad recibía bostezos.

Y así fue avanzando la noche, a los tumbos, en triste bebedera cada vez más solitaria, hacia el amanecer. Uno tras otro, los invitados se fueron yendo a dormir. El alba encontró al ofendido sentado en la calle, completamente solo y bastante fatigado de tanto quejarse sin que nadie le llevara el apunte.

Ya el hombre estaba aburriéndose de su propia tragedia, y las primeras luces le desvanecieron las ganas de sufrir y de vengarse. A media mañana se dio un buen baño y se tomó un café bien caliente y al mediodía volvió, arrepentido, a los brazos de la repudiada.

Volvió desfilando, a paso de gran ceremonia, desde la otra punta de la calle principal. Iba cargando un enorme ramo de rosas, y encabezaba una larga procesión de amigos, parientes y público en general. La orquesta de serenatas cerraba la marcha. La orquesta sonaba a todo dar, tocando para Susana, a modo de desagravio, *Negra consentida* y *Vereda tropical*. Con esas musiquitas, tiempo atrás, él se le había declarado.

El carnaval abre alas

En 1899, las calles de Río de Janeiro enloquecieron bailando la música que inauguró la historia del carnaval carioca.

Esa gozadera se llamaba *O abre alas:* un *maxixe*, invención musical brasileña que se reía de las rígidas danzas de salón.

La autora era Chiquinha Gonzaga, compositora desde la infancia.

A los dieciséis años, los padres la casaron, y el marqués de Caxias fue padrino de la boda.

A los veinte, el marido la obligó a elegir entre el hogar y la música:

—No entiendo la vida sin música –dijo ella, y se fue de la casa.

Entonces su padre proclamó que la honra familiar había sido mancillada, y denunció que Chiquinha había heredado de alguna abuela negra esa tendencia a la perdición. Y la declaró muerta, y prohibió que en su hogar se mencionara el nombre de la descarriada.

Prohibido sentir

—¡Oh, figura femenina! ¡Cuán gloriosa eres!

Hildegarda de Bingen creía que la sangre que mancha es la sangre de la guerra, no la sangre de la menstruación, y abiertamente invitaba a celebrar la felicidad de haber nacido mujer.

Y en sus obras de medicina y ciencias naturales, únicas en la Europa de su tiempo, se había atrevido a reivindicar el placer femenino en términos insólitos para su tiempo y su iglesia. Con sabiduría sorprendente en una abadesa puritana, de muy estrictas costumbres, virgen entre las vírgenes, Hildegarda afirmó que el placer del amor que arde en la sangre es más sutil y profundo en la mujer que en el hombre:

—En la mujer, es comparable al sol y a su dulzura, que delicadamente calienta la tierra y la hace fértil.

Un siglo antes que Hildegarda, el célebre médico persa llamado Avicena había incluido en su «Canon» una descripción más detallada del orgasmo femenino, *a partir del momento en que los ojos de ella empiezan a enrojecer, su respiración se acelera y comienza a balbucear.*

Como el placer era un asunto masculino, las traducciones europeas de la obra de Avicena suprimieron la página.

El arte de vivir

En 1986, el Nobel de Medicina fue para Rita Levi Montalcini.

En tiempos difíciles, durante la dictadura de Mussolini, Rita había estudiado las fibras nerviosas, a escondidas, en un laboratorio improvisado en algún rincón de su casa.

Años después, tras mucho trabajar, esta tenaz detective de los misterios de la vida descubrió la proteína que se ocupa de multiplicar las células humanas, y recibió el Nobel.

Ya rondaba los ochenta años, y decía:

—El cuerpo se me arruga, pero el cerebro no. Cuando sea incapaz de pensar, sólo quiero que me ayuden a morir con dignidad.

Marie

Fue la primera mujer que recibió el premio Nobel, y lo recibió dos veces.

Fue la primera mujer catedrática de la Sorbona, y durante muchos años la única.

Y después, cuando ya no podía celebrarlo, fue la primera mujer aceptada en el Panteón, el portentoso mausoleo reservado a *los grandes hombres de Francia,* aunque no era hombre y había nacido y crecido en Polonia.

A fines del siglo diecinueve, Marie Sklodowska y su marido, Pierre Curie, descubrieron una sustancia que emitía cuatrocientas veces más radiación que el uranio. La llamaron polonio, en homenaje al país de Marie. Poco después, inventaron la palabra radiactividad y comenzaron sus experimentos con el radio, tres mil veces más poderoso que el uranio. Y juntos recibieron el premio Nobel.

Pierre ya tenía sus dudas: ¿eran ellos portadores de una ofrenda del cielo o del infierno? En su conferencia de Estocolmo, advirtió que el caso del propio Alfred Nobel, inventor de la dinamita, había sido ejemplar:

—Los poderosos explosivos han permitido a la humanidad llevar a cabo trabajos admirables. Pero también son un medio temible de destrucción en manos de los grandes criminales que arrastran a los pueblos a la guerra.

Muy poco después, Pierre murió atropellado por un carro que cargaba cuatro toneladas de material militar.

Marie lo sobrevivió, y su cuerpo pagó el precio de sus éxitos. Las radiaciones le provocaron quemaduras, llagas y fuertes dolores, hasta que por fin murió de anemia perniciosa.

A la hija, Irene, que también fue premio Nobel por sus conquistas en el nuevo reino de la radiactividad, la mató la leucemia.

La mamá de las periodistas

En la mañana de hoy, 14 de noviembre de 1889, Nellie Bly emprendió su viaje.

Julio Verne no creía que esta mujercita linda pudiera dar la vuelta al mundo, ella sola, en menos de ochenta días.

Pero Nellie abrazó el planeta en setenta y dos días, mientras iba publicando, crónica tras crónica, lo que veía y vivía.

Éste no era el primer desafío de la joven periodista, ni fue el último.

Para escribir sobre México, se mexicanizó tanto que el gobierno de México, asustado, la expulsó.

Para escribir sobre las fábricas, trabajó de obrera.

Para escribir sobre las cárceles, se hizo arrestar por robo.

Para escribir sobre los manicomios, simuló locura, y tan bien actuó que los médicos la declararon loca de remate; y así pudo denunciar los tratamientos psiquiátricos que padeció, capaces de volver loca a cualquiera.

Cuando Nellie tenía veinte años, en Pittsburgh, el periodismo era cosa de hombres.

En aquel entonces, ella cometió la insolencia de publicar sus primeras crónicas.

Treinta años después publicó las últimas, esquivando balas en la línea de fuego de la primera guerra mundial.

Las edades de Ada

A los dieciocho años, se fuga en brazos de su preceptor.

A los veinte se casa, o la casan, a pesar de su notoria incompetencia para los asuntos domésticos.

A los veintiuno, se pone a estudiar, por su cuenta, lógica matemática. No son ésas las labores más adecuadas para una dama, pero la familia le acepta el capricho, porque quizás así pueda entrar en razón y salvarse de la locura a la que está destinada por herencia paterna.

A los veinticinco, inventa un sistema infalible, basado en la teoría de las probabilidades, para ganar dinero en las carreras de caballos. Apuesta las joyas de la familia. Pierde todo.

A los veintisiete, publica un trabajo revolucionario. No firma con su nombre. ¿Una obra científica firmada por una mujer? Esa obra la convierte en la primera programadora de la historia: propone un nuevo sistema para dictar tareas a una máquina que ahorra las peores rutinas a los obreros textiles.

A los treinta y cinco, cae enferma. Los médicos diagnostican histeria. Es cáncer.

En 1852, a los treinta y seis años, muere. A esa misma edad había muerto su padre, lord Byron, poeta, a quien nunca vio.

Un siglo y medio después, se llama Ada, en su homenaje, uno de los lenguajes de programación de computadoras.

Nació una molestosa

Hoy, 30 de junio, fue bautizada, en 1819, en Buenos Aires, Juana Manso.

Las aguas sagradas la iniciaron en el camino de la mansedumbre, pero Juana Manso nunca fue mansa.

Contra viento y marea, ella fundó, en Argentina y en Uruguay, escuelas laicas y mixtas, donde se mezclaban niñas y niños, no era obligatoria la enseñanza de la religión y estaba prohibido el castigo físico.

Escribió el primer texto escolar de historia argentina y varias obras más. Entre ellas, una novela que le daba duro a la hipocresía conyugal.

Fundó la primera biblioteca popular en el interior del país.

Se divorció cuando el divorcio no existía.

Los diarios de Buenos Aires se deleitaban insultándola.

Cuando murió, la Iglesia le negó sepultura.

Otra exiliada

A fines de 1919, doscientos cincuenta *extranjeros indeseables* partieron del puerto de Nueva York, con prohibición de regresar a los Estados Unidos.

Entre ellos, marchó al exilio Emma Goldman, *extranjera de alta peligrosidad*, que había estado presa varias veces por oponerse al servicio militar obligatorio, por difundir métodos anticonceptivos, por organizar huelgas y por otros atentados contra la seguridad nacional.

Algunas frases de Emma:

La prostitución es el más alto triunfo del puritanismo.
¿Hay acaso algo más terrible, más criminal, que nuestra glorificada y sagrada función de la maternidad?
El Reino de los Cielos ha de ser un lugar terriblemente aburrido si los pobres de espíritu viven allí.
Si el voto cambiara algo, sería ilegal.
Cada sociedad tiene los delincuentes que merece.
Todas las guerras son guerras entre ladrones demasiado cobardes para luchar, que mandan a otros a morir por ellos.

La noche kuna

El gobierno de Panamá había ordenado, por ley, *la reducción a la vida civilizada de las tribus bárbaras, semibárbaras y salvajes que existen en el país.*

Y su portavoz había anunciado:

—Las indias kunas nunca más se pintarán la nariz, sino las mejillas, y ya no llevarán aros en la nariz, sino en las orejas. Y ya no vestirán molas, sino vestidos civilizados.

Y a ellas y a ellos les fue prohibida su religión y sus ceremonias, que ofendían a Dios, y su tradicional manía de gobernarse a su modo y manera.

En 1925, en la noche del día veinticinco del mes de las iguanas, los kunas pasaron a cuchillo a todos los policías que les prohibían vivir su vida.

Desde entonces, las mujeres kunas siguen llevando aros en sus narices pintadas, y siguen vistiendo sus molas, espléndido arte de una pintura que usa hilo y aguja en lugar de pincel. Y ellas y ellos siguen celebrando sus ceremonias y sus asambleas, en las dos mil islas donde defienden, por las buenas o por las malas, su reino compartido.

No digo adiós

En 1872, por orden del presidente de Ecuador, fue fusilada Manuela León.

En su sentencia, el presidente llamó Manuel a Manuela, para no dejar constancia de que un caballero como él estaba enviando al paredón a una mujer, aunque fuera una india bruta.

Manuela había alborotado tierras y pueblos y había alzado a la indiada contra el pago de tributos y el trabajo servil. Y por si todo eso fuera poco, había cometido la insolencia de desafiar a duelo al teniente Vallejo, oficial del gobierno, ante los ojos atónitos de los soldados, y a campo abierto la espada de él había sido humillada por la lanza de ella.

Cuando le llegó este último día, Manuela enfrentó al pelotón de fusilamiento sin venda en los ojos. Y preguntada si tenía algo que decir, contestó, en su lengua:

—Manapi.

Nada.

Crónica de la ciudad de Bogotá

Cuando el telón caía, al fin de cada noche, Patricia Ariza, marcada para morir, cerraba los ojos. En silencio agradecía los aplausos del público y también agradecía otro día de vida burlado a la muerte.

Patricia estaba en la lista de los condenados, por pensar en rojo y en rojo vivir; y las sentencias se iban cumpliendo, implacablemente, una tras otra.

Hasta sin casa quedó. Una bomba podía volar el edificio: los vecinos, obedientes a la ley del miedo, le exigieron que se fuera.

Ella andaba con chaleco antibalas por las calles de Bogotá. No había más remedio; pero el chaleco era triste y feo. Un día, Patricia le cosió unas cuantas lentejuelas, y otro día le bordó unas flores de colores, flores bajando como en lluvia sobre los pechos, y así el chaleco fue por ella alegrado y alindado, y mal que bien pudo acostumbrarse a llevarlo siempre puesto, y ya ni en el escenario se lo sacaba.

Cuando Patricia viajó fuera de Colombia, para actuar en teatros europeos, ofreció su chaleco antibalas a un campesino llamado Julio Cañón.

A Julio Cañón, alcalde del pueblo de Vistahermosa, ya le habían matado a toda la familia, a modo de advertencia, pero él se negó a usar ese chaleco florido:

—Yo no me pongo cosas de mujeres –dijo.

Con una tijera, Patricia le arrancó los brillitos y los colores, y entonces el hombre aceptó.

Esa noche lo acribillaron. Con el chaleco puesto.

Desalmadas

Aristóteles sabía lo que decía:
—La hembra es como un macho deforme. Le falta un elemento esencial: el alma.

Las artes plásticas eran reinos prohibidos a los seres sin alma.

En el siglo dieciséis, había en Bolonia quinientos veinticuatro pintores y una pintora.

En el siglo diecisiete, en la Academia de París había cuatrocientos treinta y cinco pintores y quince pintoras, todas esposas o hijas de los pintores.

En el siglo diecinueve, Suzanne Valadon fue verdulera, acróbata de circo y modelo de Toulouse-Lautrec. Usaba corsés hechos de zanahorias y compartía su estudio con una cabra. A nadie sorprendió que ella fuera la primera artista que se atrevió a pintar hombres desnudos. Tenía que ser una chiflada.

Erasmo de Rotterdam sabía lo que decía:
—Una mujer es siempre mujer, es decir: loca.

Frida

1929. Ciudad de México

Tina Modotti no está sola frente a sus inquisidores. La acompañan, de un brazo y del otro, sus camaradas Diego Rivera y Frida Kahlo: el inmenso buda pintor y su pequeña Frida, pintora también, la mejor amiga de Tina, que parece una misteriosa princesa de Oriente pero dice más palabrotas y bebe más tequila que un mariachi de Jalisco.

Frida ríe a carcajadas y pinta espléndidas telas al óleo desde el día en que fue condenada al dolor incesante.

El primer dolor ocurrió allá lejos, en la infancia, cuando sus padres la disfrazaron de ángel y ella quiso volar con alas de paja; pero el dolor de nunca acabar llegó por un accidente en la calle, cuando un fierro de tranvía se le clavó en el cuerpo de lado a lado, como una lanza, y le trituró los huesos. Desde entonces ella es un dolor que sobrevive. La han operado, en vano, muchas veces; y en la cama del hospital empezó a pintar sus autorretratos, que son desesperados homenajes a la vida que le queda.

Isadora

1916. Buenos Aires

Descalza, desnuda, apenas envuelta en la bandera argentina, Isadora Duncan baila el himno nacional.

Una noche comete esta osadía, en un café de estudiantes de Buenos Aires, y a la mañana siguiente todo el mundo lo sabe: el empresario rompe el contrato, las buenas familias devuelven sus entradas al Teatro Colón y la prensa exige la expulsión inmediata de esta pecadora norteamericana que ha venido a la Argentina a mancillar los símbolos patrios.

Isadora no entiende nada. Ningún francés protestó cuando ella bailó la Marsellesa con un chal rojo por todo vestido. Si se puede bailar una emoción, si se puede bailar una idea, ¿por qué no se puede bailar un himno?

La libertad ofende. Mujer de ojos brillantes, Isadora es enemiga declarada de la escuela, el matrimonio, la danza clásica y de todo lo que enjaule al viento. Ella baila porque bailando goza, y baila lo que quiere, cuando quiere y como quiere, y las orquestas callan ante la música que nace de su cuerpo.

Sarah

—Actúo siempre –decía–. En el teatro y fuera del teatro, actúo. Yo soy mi doble.

No se sabía si Sarah Bernhardt era la mejor actriz de la historia o la mayor mentirosa del mundo, o ambas cosas a la vez.

A principios de los años veinte, al cabo de más de medio siglo de monarquía absoluta, ella seguía reinando en los teatros de París y programando giras de nunca acabar. Ya rondaba los ochenta años, estaba tan flaca que ni sombra hacía y los cirujanos le habían cortado una pierna: todo París lo sabía. Pero todo París creía que esa muchacha irresistible, que arrancaba suspiros a su paso, estaba representando estupendamente a una pobre anciana mutilada.

Carmen Miranda

1946. Hollywood

Toda brillosa de lentejuelas y collares, coronada por una torre de bananas, Carmen Miranda ondula sobre un fondo de paisaje tropical de cartón.

Nacida en Portugal, hija de un fígaro pobretón que atravesó la mar, Carmen es hoy por hoy el principal producto de exportación del Brasil. El café viene después.

Esta petisa zafada tiene poca voz, y la poca que tiene desafina, pero ella canta con las caderas y las manos y con las guiñadas de sus ojos, y con eso le sobra. Es la mejor pagada de Hollywood; posee diez casas y ocho pozos de petróleo.

Pero la empresa Fox se niega a renovarle el contrato. El senador Joseph McCarthy la ha denunciado por obscena, porque durante una filmación, en pleno baile, un fotógrafo delató intolerables desnudeces bajo su falda volandera. Y la prensa ha revelado que ya en su más tierna infancia Carmen había recitado ante el rey Alberto de Bélgica, acompañando los versos con descarados meneos y caídas de ojos que provocaron escándalo a las monjas y al monarca prolongado insomnio.

Las edades de Josephine

A los nueve años, trabaja limpiando casas en Saint Louis, a orillas del Mississippi.

A los diez, empieza a bailar, por monedas, en las calles.

A los trece, se casa.

A los quince, otra vez. Del primer marido, no le queda ni siquiera un mal recuerdo. Del segundo, guarda el apellido, porque le gusta cómo suena.

A los diecisiete, Josephine Baker baila charleston en Broadway.

A los dieciocho, cruza el Atlántico y conquista París. La *Venus negra* aparece desnuda en el escenario, sin más ropa que un cinturón de bananas.

A los veintiuno, su rara mezcla de payasa y mujer fatal la convierte en la vedette más admirada y mejor pagada de toda Europa.

A los veinticuatro, es la mujer más fotografiada del planeta. Pablo Picasso, arrodillado, la pinta. Por parecerse a ella, las pálidas damiselas de París se frotan con crema de nuez, que oscurece la piel.

A los treinta, tiene problemas en algunos hoteles, porque viaja acompañada por un chimpancé, una serpiente, una cabra, dos loros, varios peces, tres gatos, siete perros, una leoparda llamada Chiquita, que luce collar de diamantes, y un cerdito, Albert, que ella baña con el perfume *Je reviens,* de Worth.

A los cuarenta, recibe la Legión de Honor por sus servicios a la resistencia francesa durante la ocupación nazi.

A los cuarenta y uno, cuando ya va por el cuarto marido, adopta doce niños de diversos colores y diversos lugares, que ella llama *mi tribu del arcoíris.*

A los cuarenta y cinco, regresa a los Estados Unidos. Exige que a sus espectáculos asistan, todos mezclados, blancos y negros. Si no, no actúa.

A los cincuenta y siete, comparte el estrado con Martin Luther King y habla contra la discriminación racial ante la inmensa Marcha sobre Washington.

A los sesenta y ocho, se recupera de una estrepitosa bancarrota y celebra, en el teatro Bobino de París, su medio siglo de actuación en este mundo.

Y se va.

Peligrosa mujer

En 1893 nació Mae West, carne de pecado, voraz vampiresa.

En 1927 marchó a la cárcel, con todo su elenco, por haber puesto en escena una invitación al placer, sutilmente llamada *Sex*, en un teatro de Broadway.

Cuando terminó de purgar su *delito de obscenidad pública*, decidió mudarse de Broadway a Hollywood, del teatro al cine, creyendo que llegaba al reino de la libertad.

Pero el gobierno de los Estados Unidos impuso a Hollywood un certificado de corrección moral, que durante treinta y ocho años fue imprescindible para autorizar el estreno de cualquier película.

El Código Hays prohibió que el cine mostrara desnudos, danzas sugestivas, besos lascivos, adulterios, homosexualidades y otras perversiones que atentaran contra la santidad del matrimonio y el hogar. Ni las películas de Tarzán pudieron salvarse, y Betty Boop fue obligada a vestir falda larga. Y Mae West siguió metiéndose en líos.

La maromera

Luz Marina Acosta era muy niña cuando descubrió el circo Firuliche.

El circo Firuliche emergió una noche, mágico barco de luces, desde las profundidades del lago de Nicaragua. Eran clarines guerreros las cornetas de cartón de los payasos y altas banderas los harapos que flameaban anunciando la mayor fiesta del mundo. La carpa estaba toda llena de remiendos, y también los leones, leones jubiladitos; pero la carpa era un castillo y los leones eran los reyes de la selva; y era la reina de los cielos aquella rechoncha señora, fulgurante de lentejuelas, que se balanceaba en los trapecios a un metro del suelo.

Entonces Luz Marina decidió hacerse maromera. Y saltó de verdad, desde muy alto, y en su primera acrobacia, a los seis años de edad, se rompió las costillas.

Y así fue, después, la vida. En la guerra, larga guerra contra la dictadura de Somoza, y en los amores: siempre volando, siempre rompiéndose las costillas.

Porque quien entra al circo Firuliche, no sale nunca.

La noche

No consigo dormir. Tengo una mujer atravesada entre los párpados. Si pudiera, le diría que se vaya; pero tengo una mujer atravesada en la garganta.

Historia del lagarto que tenía la costumbre de cenar a sus mujeres

A la orilla del río, oculta por el pajonal, una mujer está leyendo.

Érase que se era, cuenta el libro, un señor de vasto señorío. Todo le pertenecía: el pueblo de Lucanamarca y lo de más acá y lo de más allá, las bestias señaladas y las cimarronas, las gentes mansas y las alzadas, todo: lo medido y lo baldío, lo seco y lo mojado, lo que tenía memoria y lo que tenía olvido.

Pero aquel dueño de todo no tenía heredero. Cada día su mujer rezaba mil oraciones, suplicando la gracia de un hijo, y cada noche encendía mil velas.

Dios estaba harto de los ruegos de aquella pesada, que pedía lo que Él no había querido dar. Y al fin, por no escucharla más o por divina misericordia, hizo el milagro. Y llegó la alegría del hogar.

El niño tenía cara de gente y cuerpo de lagarto.

Con el tiempo el niño habló, pero caminaba arrastrándose sobre la barriga. Los mejores maestros de Ayacucho le enseñaron a leer, pero sus pezuñas no podían escribir.

A los dieciocho años, pidió mujer.

Su opulento padre le consiguió una; y con gran pompa se celebró la boda en la casa del cura.

En la primera noche, el lagarto se lanzó sobre su esposa y la devoró. Cuando el sol despuntó, en el lecho nupcial no había más que un viudo durmiendo, rodeado de huesitos.

Y después el lagarto exigió otra mujer. Y hubo nueva boda, y nueva devoración. Y el glotón necesitó otra más. Y así.

Novias, no faltaban. En las casas pobres, siempre había alguna hija sobrando.

Con la barriga acariciada por el agua del río, Dulcidio duerme la siesta.

Cuando abre un ojo, la ve. Ella está leyendo. Él nunca en su vida ha visto mujer con anteojos.

Dulcidio arrima la nariz:

—¿Qué lees?

Ella aparta el libro y lo mira, sin asombro, y dice:

— Leyendas.

— ¿Leyendas?

— Voces viejas.

— ¿Y para qué sirven?

Ella se encoge de hombros:

— Acompañan –dice.

Esta mujer no parece de la sierra, ni de la selva, ni de la costa.

— Yo también sé leer –dice Dulcidio.

Ella cierra el libro y da vuelta la cara.
Cuando Dulcidio le pregunta quién es y de dónde, la mujer desaparece.

El domingo siguiente, cuando Dulcidio despierta de la siesta, ella está allí. Sin libro, pero con anteojos.
Sentada en la arenita, los pies guardados bajo las muchas polleras de colores, ella está muy estando, desde siempre estando; y así mira al intruso ése que lagartea al sol.
Dulcidio pone las cosas en su lugar. Alza una pata uñuda y la pasea sobre el horizonte de montañas azules:
—Hasta donde llegan los ojos, hasta donde llegan los pies. Todo. Dueño soy.
Ella no echa ni una ojeada al vasto reino y calla. Un silencio muy.
El heredero insiste. Las ovejitas y los indios están a su mandar. Él es amo de todas estas leguas de tierra y agua y aire, y también del pedazo de arena donde ella está sentada:
—Te doy permiso –concede.
Ella echa a bailar su larga trenza de pelo negro, como quien oye llover, y el muy saurio aclara que él es rico pero humilde, estudioso y trabajador, y ante todo un caballero con intenciones de formar un hogar, pero el destino cruel quiere que enviude.
Inclinando la cabeza, ella medita ese misterio.

Dulcidio vacila. Susurra:

—¿Puedo pedirte un favor?

Y se le arrima de costadito, ofreciendo el lomo.

— Ráscame la espalda –suplica–, que yo no llego.

Ella extiende la mano, acaricia la ferruginosa coraza y elogia:

—Es una seda.

Dulcidio se estremece y cierra los ojos y abre la boca y alza la cola y siente lo que nunca.

Pero cuando da vuelta la cabeza, ella ya no está.

Arrastrándose a toda velocidad a través del pajonal, la busca al derecho y al revés y por los cuatro costados. No hay rastros.

Y el domingo siguiente, ella no viene a la orilla del río. Y tampoco viene el otro domingo, ni el otro.

Desde que la vio, la ve. Y nada más ve.

El dormilón no duerme, el tragón no come. La alcoba de Dulcidio ya no es el feliz santuario donde él reposaba amparado por sus difuntas esposas. Las fotos de ellas siguen allí, tapizando las paredes de arriba abajo, con sus marcos en forma de corazón y sus guirnaldas de azahares; pero Dulcidio, condenado a la soledad, yace hundido en las cobijas y en la melancolía. Médicos y curanderos acuden desde lejos; y ninguno puede nada ante el vuelo de la fiebre y el derrumbe de todo lo demás.

Prendido a la radio a pilas, que le ha vendido un turco de paso, Dulcidio pena sus noches y sus días suspirando y escuchando melodías pasadas de moda. Los padres, desesperados, lo miran marchitarse. Él ya no exige mujer como antes exigía:
—Tengo hambre.
Ahora suplica:
— Yo soy un pordiosero del amor,
y con voz rota, y alarmante tendencia a la rima, musita homenajes de agonía a la dama que le ha robado la calma y el alma.

Toda la servidumbre se lanza a buscarla. Los perseguidores revuelven cielo y tierra; pero ni siquiera se sabe el nombre de la evaporada, y nadie ha visto jamás a ninguna mujer de anteojos en estos valles, ni más allá.

En la tarde de un domingo, Dulcidio tiene una corazonada. Se levanta, a duras penas, y de mala manera se arrastra hasta la orilla del río.
Y allí está ella.
Bañado en lágrimas, Dulcidio declara su amor a la niñacha desdeñosa y esquiva, confiesa que de sed perezco por las mieles de tu boca, proclama que ni tu olvido merezco, palomita que me aloca, y la abruma de lindezas y arrumacos.

Y se viene la boda. Todo el mundo agradecido, porque ya el pueblo lleva largo tiempo sin fiesta y allí Dulcidio es el único que se casa. El cura hace precio, por tratarse de un cliente tan especial.

Gira el charango alrededor de los novios y suenan a gloria el arpa y los violines. Se brinda por el amor eterno de la feliz pareja, y ríos de ponche corren bajo las ramadas de flores.

Dulcidio estrena piel nueva, rojiza en el lomo y verdiazul en la cola prodigiosa.

Y cuando los dos quedan al fin solos, y llega la hora de la verdad, él ofrece:

—Te doy mi corazón. Písalo sin compasión.

Ella apaga la vela de un soplido, deja caer su vestido de novia, esponjoso de encajes, se saca lentamente los anteojos y le dice:

— No seas huevón. Déjate de pendejadas.

De un tirón lo desenvaina y arroja la piel al suelo. Y abraza su cuerpo desnudo, y lo arde.

Después, Dulcidio se duerme profundamente, acurrucado contra esta mujer, y sueña por primera vez en la vida.

Ella se lo come dormido. Lo va tragando de a poquito, desde la cola hasta la cabeza, sin hacer ruido ni mascar fuerte, cuidadosa de no despertarlo, para que él no vaya a llevarse una fea impresión.

Diabluras

Venus apareció, una mañana, en la ciudad de Siena. La encontraron echada, desnuda, al sol.

La ciudad rindió honores a esta diosa de mármol, enterrada en tiempos del imperio romano, que había tenido la gentileza de surgir desde el fondo de la tierra.

Se le ofreció por residencia la cabecera de la fuente principal.

Nadie se cansaba de verla, todos querían tocarla.

Pero poco después llegaron la guerra y sus espantos, y Siena fue atacada y saqueada. Y en su sesión del 7 de noviembre de 1357, el Concejo Municipal decidió que Venus tenía la culpa. Por castigo del pecado de idolatría, Dios había enviado esa desgracia. Y el Concejo mandó destrozar a Venus, que invitaba a la lujuria, y dispuso que sus pedacitos fueran enterrados en la odiada ciudad de Florencia.

En Florencia, ciento treinta años después, otra Venus nació, de la mano de Sandro Botticelli. El artista la pintó mientras ella brotaba de la espuma, sin más ropa que la piel.

Y una década más tarde, cuando el monje Savonarola alzó su gran fogata de purificación, dicen

que dicen que Botticelli, arrepentido de los pecados de sus pinceles, alimentó las llamas con algunas diabluras por él pintadas en sus años juveniles.
　Con Venus, no pudo.

Ventana sobre una mujer (1)

Esa mujer es una casa secreta.
En sus rincones, guarda voces y esconde fantasmas.
En las noches de invierno, humea.
Quien en ella entra, dicen, nunca más sale.
Yo atravieso el hondo foso que la rodea. En esa casa seré habitado. En ella me espera el vino que me beberá. Muy suavemente golpeo a la puerta, y espero.

El amar de los amares

Cantó el rey Salomón a la más mujer de sus mujeres. Cantó a su cuerpo y a la puerta de su cuerpo y al verdor del lecho compartido.

El «Cantar de los cantares» no se parece ni un poquito a los demás libros de la Biblia de Jerusalén. ¿Por qué está ahí?

Según los rabinos, es una alegoría del amor de Dios por Israel. Según los curas, un jubiloso homenaje a la boda de Cristo con la Iglesia. Pero ningún verso menciona a Dios, y mucho menos a Cristo ni a la Iglesia, que nacieron mucho después de que el «Cantar» fuera cantado.

Más bien parece que este encuentro entre un rey judío y una mujer negra fue una celebración de la pasión humana y de la diversidad de nuestros colores.

Mejores que el vino son los besos de tu boca, cantaba esa mujer.

Y según la versión que llegó a nuestros días, ella cantaba también:

Negra soy, pero bella,

y se disculpaba atribuyendo su color a su trabajo, a pleno sol, en los viñedos.

Sin embargo, según otras versiones, el *pero* fue agregado. Ella cantaba:
Negra soy, y bella.

Las brujas

En el año 1770, una ley inglesa condenó a las mujeres engañeras.

Estas pérfidas seducían a los súbditos de Su Majestad y los empujaban al matrimonio utilizando malas artes tales como *perfumes, pinturas, baños cosméticos, dentaduras postizas, pelucas, rellenos de lana, corsés, armazones, aros y aretes y zapatos de tacones altos.*

Las autoras de estos fraudes, decía la ley, *serán juzgadas según las leyes vigentes contra la brujería, y sus matrimonios serán declarados nulos y disueltos.*

El atraso tecnológico impidió incluir las siliconas, la liposucción, el bótox, las cirugías plásticas y otros prodigios quirúrgicos y químicos.

La incombustible

La Signora Girardelli, hacedora de prodigios, dejó bizco al público europeo, allá por el año 1820.

Ella acariciaba sus brazos con velas encendidas, bailaba descalza sobre la hoguera y la revolvía con sus manos, se sentaba sobre hierros que humeaban al rojo vivo, se bañaba en llamas, hacía buches de aceite hirviente, tragaba fuego, mascaba brasas y las escupía convertidas en libras esterlinas... Y al cabo de tan ardientes exhibiciones, mostraba su cuerpo invicto, su piel del color de la nieve, y recibía ovaciones.

—Son trucos –decían los criticones.

Ella no decía nada.

Ventana sobre una mujer (3)

Nadie podrá matar aquel tiempo, nadie nunca podrá: ni siquiera nosotros. Digo: mientras estés, donde estés, o mientras esté yo.

Dice el almanaque que aquel tiempo, aquel tiempito, ya no es; pero esta noche mi cuerpo desnudo te está transpirando.

Mujer que dice chau

Me llevo un paquete vacío y arrugado de cigarrillos *Republicana* y una revista vieja que dejaste aquí. Me llevo los dos boletos últimos del ferrocarril. Me llevo una servilleta de papel con una cara mía que habías dibujado, de mi boca sale un globito con palabras, las palabras dicen cosas cómicas. También me llevo una hoja de acacia recogida en la calle, la otra noche, cuando caminábamos separados por la gente. Y otra hoja, petrificada, blanca, que tiene un agujerito como una ventana, y la ventana estaba velada por el agua y yo soplé y te vi y ése fue el día en que empezó la suerte.

Me llevo el gusto del vino en la boca. (Por todas las cosas buenas, decíamos, todas las cosas cada vez mejores, que nos van a pasar.)

No me llevo ni una sola gota de veneno. Me llevo los besos cuando te ibas (no estaba nunca dormida, nunca). Y un asombro por todo esto que ninguna carta, ninguna explicación, pueden decir a nadie lo que ha sido.

Confesión del artista

Yo sé que ella es un color y un sonido. ¡Si pudiera mostrártela!

Dormía allí, desnuda, abrazándose las piernas. Yo amaba en ella una alegría de animal joven y al mismo tiempo amaba el presentimiento de la descomposición, porque también ella había nacido para deshacerse y me daba lástima que nos pareciéramos en eso. Se le veía en la piel del vientre, que estaba como raspada por un peine de metal. ¡Esa mujer! Algunas noches le salía luz de los ojos y ella no sabía.

Me paso las horas buscándola, sentado frente al bastidor, mordiéndome los puños, con los ojos clavados en una mancha de pintura roja que se parece al entusiasmo de los músculos y a la tortura de los años. La miro hasta que me duelen los ojos y por fin creo que comienzo a sentir, en la oscuridad, las pulsaciones de la pintura hinchándose y desbordándose, viva, sobre la tela blanca, y creo que escucho el crujido de los pasos de los pies descalzos sobre la madera del piso, su canción triste, pero no. Mi propia voz me advierte: «El color es otro. El sonido es otro».

Me alzo, entonces, y clavo la espátula en esa víscera roja y desgarro la tela de arriba abajo. Después de matarla, me acuesto boca arriba jadeando como un perro.

Pero no puedo dormir. Lentamente voy sintiendo que vuelve a nacer en mí la necesidad de parirla. Me pongo un abrigo y me voy a beber vino a los cafetines del puerto.

Las flores

El escritor brasileño Nelson Rodrigues estaba condenado a la soledad. Tenía cara de sapo y lengua de serpiente, y a su prestigio de feo y fama de venenoso sumaba la notoriedad de su contagiosa mala suerte: la gente de su alrededor moría por bala, miseria o desdicha fatal.

Un día, Nelson conoció a Eleonora. Ese día, el día del descubrimiento, cuando por primera vez vio a esa mujer, una violenta alegría lo atropelló y lo dejó bobo. Entonces quiso decir alguna de sus frases brillantes, pero se le aflojaron las piernas y se le enredó la lengua y no pudo más que tartamudear ruiditos.

La bombardeó con flores. Le enviaba flores a su apartamento, en lo más alto de un alto edificio de Río de Janeiro. Cada día le enviaba un gran ramo de flores, flores siempre diferentes, sin repetir jamás los colores ni los aromas, y abajo esperaba: desde abajo veía el balcón de Eleonora, y desde el balcón ella arrojaba las flores a la calle, cada día, y los automóviles las aplastaban.

Y así fue durante cincuenta días. Hasta que un día, un mediodía, las flores que Nelson envió no cayeron a la calle y no fueron pisoteadas por los automóviles.

Ese mediodía, él subió hasta el piso último, tocó el timbre y la puerta se abrió.

La noche (2)

Arránqueme, señora, las ropas y las dudas. Desnúdeme, desdúdeme.

Espíame

En 1876, nació Mata Hari.

Suntuosos lechos fueron sus campos de batalla en la primera guerra mundial. Altos jefes militares y políticos de mucho poder sucumbieron al encanto de sus armas, y le confiaron secretos que ella vendía a Francia, Alemania o a quien mejor le pagara.

En 1917, fue condenada a muerte.

La espía más deseada del mundo lanzó besos de adiós al pelotón de fusilamiento.

Ocho de los doce soldados erraron el tiro.

La noche (3)

Yo me duermo a la orilla de una mujer: yo me duermo a la orilla de un abismo.

Como también ocurre [...]
Yo robo y me roban

Como también ocurre con los indios y los negros, la mujer es inferior, pero amenaza. «Vale más maldad de hombre que bondad de mujer», advertía el Eclesiástico (42, 14). Y bien sabía Ulises que debía cuidarse de los cantos de sirenas, que cautivan y pierden a los hombres. No hay tradición cultural que no justifique el monopolio masculino de las armas y de la palabra, ni hay tradición popular que no perpetúe el desprestigio de la mujer o que no la denuncie como peligro. Enseñan los proverbios, trasmitidos por herencia, que la mujer y la mentira nacieron el mismo día y que palabra de mujer no vale un alfiler, y en la mitología campesina latinoamericana son casi siempre fantasmas de mujeres, en busca de venganza, las temibles ánimas, las *luces malas,* que por las noches acechan a los caminantes. En la vigilia y en el sueño, se delata el pánico masculino ante la posible invasión femenina de los vedados territorios del placer y del poder; y así ha sido desde los siglos de los siglos.

Por algo fueron mujeres las víctimas de las cacerías de brujas, y no sólo en los tiempos de la Inquisición. Endemoniadas: espasmos y aullidos, quizás orgasmos, y para colmo de escándalo, orgasmos múltiples. Sólo la posesión de Satán podía explicar tanto fuego prohibido, que por el fuego era castigado. Mandaba Dios que fueran quemadas vivas las pecadoras que ardían. La envidia y el pánico ante el placer femenino no tenían nada de nuevo. Uno de los mitos más antiguos y universales, común a muchas culturas de muchos tiempos y de diversos lugares, es el mito de la vulva dentada, el sexo de la hembra como boca llena de dientes, insaciable boca de piraña que se alimenta de carne de machos. Y en este mundo de hoy, en este fin de siglo, hay ciento veinte millones de mujeres mutiladas del clítoris.

No hay mujer que no resulte sospechosa de mala conducta. Según los boleros, son todas ingratas; según los tangos, son todas putas (menos mamá). En los países del sur del mundo, una de cada tres mujeres casadas recibe palizas, como parte de la rutina conyugal, en castigo por lo que ha hecho o por lo que podría hacer:

—Estamos dormidas –dice una obrera del barrio Casavalle, de Montevideo–. Algún príncipe te besa y te duerme. Cuando te despertás, el príncipe te aporrea.

Y otra:

—Yo tengo el miedo de mi madre, y mi madre tuvo el miedo de mi abuela.

Confirmaciones del derecho de propiedad: el macho propietario comprueba a golpes su derecho de propiedad sobre la hembra, como el macho y la hembra comprueban a golpes su derecho de propiedad sobre los hijos.

Y las violaciones, ¿no son, acaso, ritos que por la violencia celebran ese derecho? El violador no busca, ni encuentra, placer: necesita someter. La violación graba a fuego una marca de propiedad en el anca de la víctima, y es la expresión más brutal del carácter fálico del poder, desde siempre expresado por la flecha, la espada, el fusil, el cañón, el misil y otras erecciones. En los Estados Unidos, se viola una mujer cada seis minutos. En México, una cada nueve minutos. Dice una mujer mexicana:

—No hay diferencia entre ser violada y ser atropellada por un camión, salvo que después los hombres te preguntan si te gustó.

Las estadísticas sólo registran las violaciones denunciadas, que en América latina son siempre muchas menos que las violaciones ocurridas. En su mayoría, las violadas callan por miedo. Muchas niñas, violadas en sus casas, van a parar a la calle: hacen la calle, cuerpos baratos, y algunas encuentran, como los niños de la calle, su morada en el asfalto. Dice Lélia, catorce años, criada a la buena de Dios en las calles de Río de Janeiro:

—Todos roban. Yo robo y me roban.

Hebreas

Según el Antiguo Testamento, las hijas de Eva seguían sufriendo el castigo divino.

Podían morir apedreadas las adúlteras, las hechiceras y las mujeres que no llegaran vírgenes al matrimonio;

marchaban a la hoguera las que se prostituían siendo hijas de sacerdotes

y la ley divina mandaba cortar la mano de la mujer que agarrara a un hombre por los huevos, aunque fuera en defensa propia o en defensa de su marido.

Durante cuarenta días quedaba impura la mujer que paría hijo varón. Ochenta días duraba su suciedad, si era niña.

Impura era la mujer con menstruación, por siete días y sus noches, y trasmitía su impureza a cualquiera que la tocara o tocara la silla donde se sentaba o el lecho donde dormía.

Hipatia

—Va con cualquiera –decían, queriendo ensuciar su libertad.

—No parece mujer –decían, queriendo elogiar su inteligencia.

Pero numerosos profesores, magistrados, filósofos y políticos acudían desde lejos a la Escuela de Alejandría, para escuchar su palabra.

Hipatia estudiaba los enigmas que habían desafiado a Euclides y a Arquímedes, y hablaba contra la fe ciega, indigna del amor divino y del amor humano. Ella enseñaba a dudar y a preguntar. Y aconsejaba:

—Defiende tu derecho a pensar. Pensar equivocándote es mejor que no pensar.

¿Qué hacía esa mujer hereje dictando cátedra en una ciudad de machos cristianos?

La llamaban bruja y hechicera, la amenazaban de muerte.

Y un mediodía de marzo del año 415, el gentío se le echó encima. Y fue arrancada de su carruaje y desnudada y arrastrada por las calles y golpeada y acuchillada. Y en la plaza pública la hoguera se llevó lo que quedaba de ella.

—Se investigará –dijo el prefecto de Alejandría.

Libertadoras mayas

En esta noche del 26 de marzo de 1936, fue muerta a pedradas Felipa Poot, indígena maya, en el pueblo de Kinchil.

En la pedrea, cayeron con ella tres compañeras, también mayas, que a su lado luchaban contra la tristeza y el miedo.

Las mató *la casta divina,* como se llamaban a sí mismos los dueños de la tierra y de la gente de Yucatán.

Olympia

Son femeninos los símbolos de la revolución francesa, mujeres de mármol o bronce, poderosas tetas desnudas, gorros frigios, banderas al viento.

Pero la revolución proclamó la Declaración de los Derechos del Hombre y del Ciudadano, y cuando la militante revolucionaria Olympia de Gouges propuso la Declaración de los Derechos de la Mujer y de la Ciudadana, marchó presa, el Tribunal Revolucionario la sentenció y la guillotina le cortó la cabeza.

Al pie del cadalso, Olympia preguntó:

—Si las mujeres estamos capacitadas para subir a la guillotina, ¿por qué no podemos subir a las tribunas públicas?

No podían. No podían hablar, no podían votar. La Convención, el Parlamento revolucionario, había clausurado todas las asociaciones políticas femeninas y había prohibido que las mujeres discutieran con los hombres en pie de igualdad.

Las compañeras de lucha de Olympia de Gouges fueron encerradas en el manicomio. Y poco después de su ejecución, fue el turno de Manon Roland. Manon era la esposa del ministro del Interior, pero ni eso la salvó. La condenaron por *su antinatural tendencia a la actividad política*. Ella había traicionado su naturaleza femenina, hecha para cuidar el hogar y parir hijos valientes, y había cometido la mortal insolencia de meter la nariz en los masculinos asuntos de estado.

Y la guillotina volvió a caer.

La guillotina

No sólo los hombres perdieron la cabeza por ella. También hubo mujeres, que la guillotina mató y olvidó, porque no eran importantes como la reina María Antonieta.
Tres casos ejemplares:

Olympia de Gouges fue decapitada por la revolución francesa, en 1793, para que no siguiera creyendo que también las mujeres son ciudadanas;
en 1943, Marie-Louise Giraud marchó al patíbulo, en París, por haber practicado abortos, *actos criminales contra la familia francesa;*
mientras al mismo tiempo, en Múnich, la guillotina cortaba la cabeza de una estudiante, Sophie Scholl, por distribuir panfletos contra la guerra y contra Hitler:
—Qué pena –dijo Sophie–. Un día tan lindo, con este sol, y yo me tengo que ir.

La nieta

Soledad, la nieta de Rafael Barrett, solía recordar una frase del abuelo:

—Si el Bien no existe, hay que inventarlo.

Rafael, paraguayo por elección, revolucionario por vocación, pasó más tiempo en la cárcel que en la casa, y murió en el exilio.

La nieta fue acribillada a balazos en Brasil, en el día de hoy, 7 de enero, de 1973.

El cabo Anselmo, marinero insurgente, jefe revolucionario, fue quien la entregó.

Harto de ser un perdedor, arrepentido de todo lo que creía y quería, él delató, uno por uno, a sus compañeros de lucha contra la dictadura militar brasileña, y los envió al suplicio o al matadero.

A Soledad, que era su mujer, la dejó para el final.

El cabo Anselmo señaló el lugar donde ella se escondía, y se alejó.

Ya estaba en el aeropuerto cuando sonaron los primeros tiros.

Delmira

1914. Montevideo

En esta pieza de alquiler fue citada por el hombre que había sido su marido; y queriendo tenerla, queriendo quedársela, él la amó y la mató y se mató.

Publican los diarios uruguayos la foto del cuerpo que yace tumbado junto a la cama, Delmira abatida por dos tiros de revólver, desnuda como sus poemas, las medias caídas, toda desvestida de rojo:

—Vamos más lejos en la noche, vamos...

Delmira Agustini escribía en trance. Había cantado a las fiebres del amor sin pacatos disimulos, y había sido condenada por quienes castigan en las mujeres lo que en los hombres aplauden, porque la castidad es un deber femenino y el deseo, como la razón, un privilegio masculino. En el Uruguay marchan las leyes por delante de la gente, que todavía separa el alma del cuerpo como si fueran la Bella y la Bestia. De modo que ante el cadáver de Delmira se derraman lágrimas y frases a propósito de tan sensible pérdida de las letras nacionales, pero en el fondo los dolientes suspiran con alivio: la muerta muerta está, y más vale así.

Pero, ¿muerta está? ¿No serán sombra de su voz y eco de su cuerpo todos los amantes que en las noches del mundo ardan? ¿No le harán un lugarcito en las noches del mundo para que cante su boca desatada y dancen sus pies resplandecientes?

Las edades de Rosa María

Cuando tenía seis años, en 1725, un navío negrero la trajo del África, y en Río de Janeiro fue vendida.

Cuando tenía catorce, el amo le abrió las piernas y le enseñó un oficio.

Cuando tenía quince, fue comprada por una familia de Ouro Preto, que desde entonces alquiló su cuerpo a los mineros del oro.

Cuando tenía treinta, esa familia la vendió a un sacerdote, que con ella practicaba sus métodos de exorcismo y otros ejercicios nocturnos.

Cuando tenía treinta y dos, uno de los demonios que le habitaban el cuerpo fumó por su pipa y aulló por su boca y la revolcó por los suelos. Y ella fue por eso condenada a cien azotes en la plaza de la ciudad de Mariana, y el castigo le dejó un brazo paralizado para siempre.

Cuando tenía treinta y cinco, ayunó y rezó y mortificó su carne con cilicio, y la mamá de la Virgen María le enseñó a leer. Según dicen, Rosa María Egipcíaca da Vera Cruz fue la primera negra alfabetizada en Brasil.

Cuando tenía treinta y siete, fundó un asilo para esclavas abandonadas y putas en desuso, que ella financiaba vendiendo bizcochos amasados con su saliva, infalible remedio contra cualquier enfermedad.

Cuando tenía cuarenta, numerosos fieles asistían a sus trances, donde ella bailaba al ritmo de un coro de ángeles, envuelta en humo de tabaco, y el Niño Jesús mamaba de sus pechos.

Cuando tenía cuarenta y dos, fue acusada de brujería y encerrada en la cárcel de Río de Janeiro.

Cuando tenía cuarenta y tres, los teólogos confirmaron que era bruja porque pudo soportar sin una queja, durante largo rato, una vela encendida bajo la lengua.

Cuando tenía cuarenta y cuatro, fue enviada a Lisboa, a la cárcel de la Santa Inquisición. Entró en las cámaras de tormento, para ser interrogada, y nunca más se supo.

Mariana

En 1814, el rey Fernando mató a la Pepa.

Pepa era el nombre que el pueblo daba a la Constitución de Cádiz, que dos años antes había abolido la Inquisición y había consagrado la libertad de prensa, el derecho de voto y otras insolencias.

El rey decidió que la Pepa no había sido. La declaró *nula y de ningún valor ni efecto, como si no hubiesen pasado jamás tales actos, que debían quitarse de enmedio del tiempo.*

Y después, para quitar de enmedio del tiempo a los enemigos del despotismo monárquico, se alzaron patíbulos en toda España.

Una mañana de 1831, bien tempranito, ante una de las puertas de la ciudad de Granada, el verdugo dio vueltas al torniquete hasta que el collar de hierro rompió el cuello de Mariana Pineda.

Ella fue culpable. Por bordar una bandera, por no delatar a los conspiradores de la libertad y por negar el favor de sus amores al juez que la condenó.

Mariana tuvo vida breve. Le gustaban las ideas prohibidas, los hombres prohibidos, las mantillas negras, el chocolate y las canciones suavecitas.

Marianela

1983. La Bermuda

Cada mañana, al alba, hacían cola. Eran parientes, amigos o amores de los desaparecidos de El Salvador. Buscaban noticias o venían a darlas; no tenían otro lugar donde preguntar o dar testimonio. La puerta de la Comisión de Derechos Humanos estaba siempre abierta; y también se podía entrar por el boquete que la última bomba había abierto en la pared.

Desde que la guerrilla crecía en los campos salvadoreños, el ejército ya no usaba cárceles. La Comisión denunciaba ante el mundo: *Julio: aparecen decapitados quince niños menores de catorce años que habían sido detenidos bajo la acusación de terrorismo. Agosto: trece mil quinientos civiles asesinados o desaparecidos en lo que va del año...*

De los trabajadores de la Comisión, Magdalena Enríquez, la que más reía, fue la primera en caer. Los soldados la arrojaron, desollada, a la orilla de la mar. Después fue el turno de Ramón Valladares, acribillado en el barro del camino. Quedaba Marianela García Vilas:

—Yerba mala nunca muere –decía ella.

La liquidan cerca de la aldea La Bermuda, en las tierras quemadas de Cuscatlán. Ella andaba con su cámara de fotos y su grabadora, reuniendo pruebas para denunciar que el ejército arroja fósforo blanco contra los campesinos alzados.

Procedimiento contra la desobediencia

Mujer de misa diaria y continua oración y penitencia, la madre de María la O se pelaba las rodillas suplicando a Dios que por milagro hiciera a su hija obediente y buena, y le rogaba perdón para las insolencias de la descarada.

Una noche de Viernes Santo, María la O se fue al río. La madre intentó, en vano, detenerla:

—Piensa que están matando a Nuestro Señor Jesucristo...

La ira de Dios deja por siempre pegados a quienes hacen el amor en Viernes Santo. María la O no iba al encuentro de ningún amante, pero cometió pecado: nadó desnuda en el río y el agua le hacía cosquillas en el cuerpo, en los recodos prohibidos del cuerpo, y ella se estremecía de placer.

Después quiso salir del río y no pudo. Quiso separar las piernas y no pudo. Estaba toda cubierta de escamas y tenía una aleta en lugar de pies.

Y en las aguas de los ríos dominicanos sigue estando María la O, que nunca fue perdonada.

Resurrección de Camille

La familia la declaró loca y la metió en un manicomio.

Camille Claudel pasó allí, prisionera, los últimos treinta años de su vida.

Fue por su bien, dijeron.

En el manicomio, cárcel helada, se negó a dibujar y a esculpir.

La madre y la hermana jamás la visitaron.

Alguna que otra vez se dejó ver su hermano Paul, el virtuoso.

Cuando Camille, la pecadora, murió, nadie reclamó su cuerpo.

Años demoró el mundo en descubrir que Camille no sólo había sido la humillada amante de Auguste Rodin.

Casi medio siglo después de su muerte, sus obras renacieron y viajaron y asombraron: bronce que baila, mármol que llora, piedra que ama. En Tokio, los ciegos pidieron permiso para palpar las esculturas. Pudieron tocarlas. Dijeron que las esculturas respiraban.

Emily

Ocurrió en Amherst, en 1886.

Cuando Emily Dickinson murió, la familia descubrió mil ochocientos poemas guardados en su dormitorio.

En puntas de pie había vivido, y en puntas de pie escribió. No publicó más que once poemas en toda su vida, casi todos anónimos o firmados con otro nombre.

De sus antepasados puritanos heredó el aburrimiento, marca de distinción de su raza y de su clase: prohibido tocarse, prohibido decirse.

Los caballeros hacían política y negocios y las damas perpetuaban la especie y vivían enfermas.

Emily habitó la soledad y el silencio. Encerrada en su dormitorio, inventaba poemas que violaban las leyes, las leyes de la gramática y las leyes de su propio encierro, y allí escribía una carta por día a su cuñada, Susan, y se la enviaba por correo, aunque ella vivía en la casa de al lado.

Esos poemas y esas cartas fundaron su santuario secreto, donde quisieron ser libres sus dolores escondidos y sus prohibidos deseos.

Ellos son ellas

En 1847, tres novelas conmueven a los lectores ingleses.

Cumbres borrascosas, de Ellis Bell, cuenta una devastadora historia de pasión y venganza. *Agnes Grey,* de *Acton Bell,* desnuda la hipocresía de la institución familiar. *Jane Eyre,* de Currer Bell, exalta el coraje de una mujer independiente.

Nadie sabe que los autores son autoras. Los hermanos Bell son las hermanas Brontë.

Estas frágiles vírgenes, Emily, Anne, Charlotte, alivian la soledad escribiendo poemas y novelas en un pueblo perdido en los páramos de Yorkshire. Intrusas en el masculino reino de la literatura, se han puesto máscaras de hombres para que los críticos les disculpen el atrevimiento, pero los críticos maltratan sus obras *rudas, crudas, groseras, salvajes, brutales, libertinas...*

Prohibido ser mujer

En 1804, Napoleón Bonaparte se consagró emperador y dictó un Código Civil, el llamado Código Napoleón, que todavía sirve de modelo jurídico al mundo entero.

Esta obra maestra de la burguesía en el poder consagró la doble moral y elevó el derecho de propiedad al más alto sitial en el altar de las leyes.

Las mujeres casadas fueron privadas de derechos, como los niños, los criminales y los débiles mentales. Ellas debían obediencia al marido. Estaban obligadas a seguirlo, dondequiera que fuese, y necesitaban su autorización para casi todo, excepto para respirar.

El divorcio, que la revolución francesa había reducido a un trámite simple, fue limitado por Napoleón a las faltas graves. El marido se podía divorciar por adulterio de su esposa. La esposa sólo se podía divorciar si el entusiasta había acostado a su amante en el lecho conyugal.

El marido adúltero pagaba una multa, en el peor de los casos. La esposa adúltera iba a la cárcel, en cualquier caso.

El Código no otorgaba permiso para matar a la infiel si era sorprendida en falta. Pero cuando el marido traicionado la ejecutaba, los jueces, siempre hombres, silbaban y miraban para otro lado.

Estas disposiciones, estas costumbres, rigieron en Francia durante más de un siglo y medio.

Las edades de Juana la Loca

A los dieciséis años, la casan con un príncipe flamenco. La casan sus padres, los Reyes Católicos. Ella nunca había visto a ese hombre.

A los dieciocho, descubre el baño. Una doncella árabe de su séquito le enseña las delicias del agua. Juana, entusiasmada, se baña todos los días. La reina Isabel, espantada, comenta: *Mi hija es anormal.*

A los veintitrés, intenta recuperar a sus hijos, que por razón de estado casi nunca ve. *Mi hija ha perdido el seso,* comenta su papá, el rey Fernando.

A los veinticuatro, en viaje a Flandes, el barco naufraga. Ella, impasible, exige que le sirvan la comida. *¡Estás loca!,* le grita el marido, mientras patalea de pánico, metido en un enorme salvavidas.

A los veinticinco, se abalanza sobre unas damas de la corte y tijera en mano les esquila los rizos, por sospechas de traición conyugal.

A los veintiséis, enviuda. El marido, recién proclamado rey, ha bebido agua helada. Ella sospecha que fue veneno. No derrama una lágrima, pero desde entonces viste de negro a perpetuidad.

A los veintisiete, pasa los días sentada en el trono de Castilla, con la mirada perdida en el vacío. Se niega a firmar las leyes, las cartas y todo lo que le traen.

A los veintinueve, su padre la declara demente y la encarcela en un castillo, a orillas del río Duero. Catalina, la menor de sus hijas, la acompaña. La niña crece en la celda de al lado y por una ventana ve jugar a otros niños.

A los treinta y seis, queda sola. Su hijo Carlos, que pronto será emperador, se lleva a Catalina. Ella se declara en huelga de hambre hasta que regrese. La atan, la golpean, la obligan a comer. Catalina no vuelve.

A los setenta y seis, al cabo de casi medio siglo de vida prisionera, muere esta reina que no reinó. Llevaba mucho tiempo sin moverse, mirando nada.

La deshonra

A fines de 1979, las tropas soviéticas invadieron Afganistán.

Según la explicación oficial, la invasión quería defender al gobierno laico que estaba intentando modernizar el país.

Yo fui uno de los miembros del tribunal internacional que en Estocolmo se ocupó del tema, en el año 1981.

Nunca olvidaré el momento culminante de aquellas sesiones.

Daba su testimonio un alto jefe religioso, representante de los fundamentalistas islámicos, que en aquel entonces eran llamados *freedom fighters,* guerreros de la libertad, y ahora son *terroristas.*

Aquel anciano tronó:

—¡Los comunistas han deshonrado a nuestras hijas! ¡Les han enseñado a leer y a escribir!

Día de la lactancia materna

Bajo el techo ondulado de la estación de Chengdu, en Sichuan, centenares de jóvenes chinas sonríen para la foto.
Todas lucen idénticos delantales nuevos.
Están todas recién peinadas, lavadas, planchadas.
Están todas recién paridas.
Esperan el tren que las llevará a Pekín.
En Pekín, todas darán de mamar a bebés ajenos.
Estas vacas lecheras serán bien pagadas y bien alimentadas.
Mientras tanto, muy lejos de Pekín, en las aldeas de Sichuan, sus bebés serán amamantados con leche en polvo.
Todas dicen que lo hacen por ellos, para pagarles una buena educación.

La fuga (2)

En las calles de México, una niña inhala tolueno, solubles, pegamentos o lo que sea. Pasada la tembladera, cuenta:

—Yo aluciné al Diablo, o sea que se me metía el Diablo y en eso, ¡pus!, quedé en la orillita, ya me iba a aventar, de ocho pisos era el edificio y ya me iba yo a aventar, pero en eso se me fue mi alucín, se me salió el Diablo. El alucín que más me ha gustado es cuando se me apareció la Virgencita de Guadalupe. Dos veces la aluciné.

Domitila

1967. Catavi

Domitila grita contra los asesinos, desde lo alto del muro.

Ella vive en dos piezas sin letrina ni agua, con su marido minero y siete hijos. El octavo hijo anda queriendo salir de la barriga. Cada día Domitila cocina, lava, barre, teje, cose, enseña lo que sabe y cura lo que puede y además prepara cien empanadas y recorre las calles buscando quien compre.

Por insultar al ejército boliviano se la llevan presa. Un militar le escupe la cara.

La cultura del terror (5)

A Ramona Caraballo la regalaron no bien supo caminar.

Allá por 1950, siendo una niña todavía, ella estaba de esclavita en una casa de Montevideo. Hacía todo, a cambio de nada.

Un día llegó la abuela, a visitarla. Ramona no la conocía, o no la recordaba. La abuela llegó desde el campo, muy apurada porque tenía que volverse enseguida al pueblo. Entró, pegó tremenda paliza a su nieta y se fue.

Ramona quedó llorando y sangrando.

La abuela le había dicho, mientras alzaba el rebenque:

—No te pego por lo que hiciste. Te pego por lo que vas a hacer.

La cultura del terror (3)

Sobre la niña ejemplar:

> *Una niña juega con dos muñecas y las regaña para que se queden quietas. Ella también parece una muñeca, por lo linda y buena que es y porque a nadie molesta.*

(Del libro *Adelante*, de J. H. Figueira, que fue texto de enseñanza en las escuelas del Uruguay hasta hace pocos años.)

Madre civilizadora

En 1901, al día siguiente del último suspiro de la reina Victoria, comenzaron en Londres sus solemnes pompas fúnebres.

No fue fácil la organización. Merecía una gran muerte esa reina que había dado nombre a toda una época y había dado ejemplo de abnegación femenina vistiendo luto, durante cuarenta años, en memoria de su difunto marido.

Victoria, símbolo del imperio británico, dueña y señora del siglo diecinueve, había impuesto el opio en China y la vida virtuosa en su nación.

En el centro de su imperio, eran lectura obligada las obras que enseñaban a respetar las buenas maneras. El *Libro de etiqueta*, de lady Gough, publicado en 1863, desarrollaba algunos de los mandamientos sociales de la época: había que evitar, por ejemplo, la intolerable proximidad de los libros de autores con los libros de autoras en los estantes de las bibliotecas.

Los libros sólo podían juntarse si el autor y la autora estaban unidos en matrimonio, como era el caso de Robert y Elizabeth Barrett Browning.

Muñecas

1908. Caracas

Cada varón venezolano es el Cipriano Castro de las mujeres que le tocan.

Una señorita como es debido sirve al padre y a los hermanos como servirá al marido, y no hace ni dice nada sin pedir permiso. Si tiene dinero o buena cuna, acude a misa de siete y pasa el día aprendiendo a dar órdenes a la servidumbre negra, cocineras, sirvientas, nodrizas, niñeras, lavanderas, y haciendo labores de aguja o bolillo. A veces recibe amigas, y hasta se atreve a recomendar alguna descocada novela susurrando:

—Si vieras cómo me hizo llorar...

Dos veces a la semana, en la tardecita, pasa algunas horas escuchando al novio sin mirarlo y sin permitir que se le arrime, ambos sentados en el sofá ante la atenta mirada de la tía. Todas las noches, antes de acostarse, reza las avemarías del rosario y se aplica en el cutis una infusión de pétalos de jazmín macerados en agua de lluvia al claro de luna.

Si el novio la abandona, ella se convierte súbitamente en tía y queda en consecuencia condenada a vestir santos y difuntos y recién nacidos, a vigilar novios, a cuidar enfermos, a dar catecismo y a suspirar por las noches, en la soledad de la cama, contemplando el retrato del desdeñoso.

Rita

1950. Hollywood

Ha conquistado Hollywood cambiando de nombre, de peso, de edad, de voz, de labios y de cejas. Su cabellera pasó del negro opaco al rojo llameante. Para ampliarle la frente, le arrancaron pelo tras pelo mediante dolorosas descargas de electricidad. En sus ojos pusieron pestañas como pétalos.

Rita Hayworth se disfrazó de diosa, y quizás lo fue, a lo largo de los años cuarenta. Ya los cincuenta exigen diosa nueva.

Marilyn

1950. Hollywood

Como Rita, esta muchacha ha sido corregida. Tenía párpados gordos y papada, nariz de punta redonda y demasiada dentadura: Hollywood le cortó grasa, le suprimió cartílagos, le limó los dientes y convirtió su pelo castaño y bobo en un oleaje de oro fulgurante. Después los técnicos la bautizaron Marilyn Monroe y le inventaron una patética historia de infancia para contar a los periodistas.

La nueva Venus fabricada en Hollywood ya no necesita meterse en cama ajena en busca de contratos para papeles de segunda en películas de tercera. Ya no vive de salchichas y café, ni pasa frío en invierno. Ahora es una estrella, o sea: una personita enmascarada que quisiera recordar, pero no puede, cierto momento en que simplemente quiso ser salvada de la soledad.

Venus

Fue arrancada de África del Sur y vendida en Londres.

Y fue burlonamente bautizada Venus de los hotentotes.

Por dos chelines se podía verla, encerrada en una jaula, desnuda, con sus tetas tan largas que daban de mamar por la espalda. Y pagando el doble se podía tocarle el culo, que era el más grande del mundo.

Un cartel explicaba que esta salvaje era mitad humana y mitad animal, *la encarnación de todo lo que los civilizados ingleses, felizmente, no son.*

De Londres pasó a París. Los expertos del Museo de Historia Natural querían averiguar si esta Venus pertenecía a una especie ubicada entre el hombre y el orangután.

Tenía veintipocos años cuando murió. Georges Cuvier, célebre naturalista, hizo la disección. Informó que ella tenía cráneo de mono, cerebro escaso y culo de mandril.

Cuvier desprendió el labio inferior de la vagina, colgajo enorme, y lo metió en un frasco.

Dos siglos después, el frasco seguía en exhibición, en París, en el Museo del Hombre, junto a los genitales de otra africana y de una india peruana.

Muy cerquita estaban, en otra serie de frascos, los cerebros de algunos científicos europeos.

Un arma peligrosa

En más de treinta países, la tradición manda cortar el clítoris.
El tajo confirma el derecho de propiedad del marido sobre su mujer, o sus mujeres.
Los mutiladores llaman *purificación* a este crimen contra el placer femenino, y *explican que el clítoris*
es un dardo envenenado,
es una cola de escorpión,
es un nido de termitas,
mata al hombre o lo enferma,
excita a las mujeres,
les envenena la leche
y las vuelve insaciables
y locas de remate.
Para justificar la mutilación, citan al profeta Mahoma, que jamás habló de este asunto, y al Corán, que tampoco lo menciona.

Huelga de piernas cerradas

En plena guerra del Peloponeso, las mujeres de Atenas, Esparta, Corinto y Beocia se declararon en huelga contra la guerra.

Fue la primera huelga de piernas cerradas de la historia universal. Ocurrió en el teatro. Nació de la imaginación de Aristófanes y de la arenga que él puso en boca de Lisístrata, matrona ateniense:

—¡No levantaré los pies hasta el cielo, ni en cuatro patas me pondré con el culo al aire!

La huelga continuó, sin tregua, hasta que el ayuno de amores doblegó a los guerreros. Cansados de pelear sin consuelo, y espantados ante la insurgencia femenina, no tuvieron más remedio que decir adiós a los campos de batalla.

Más o menos así lo contó, lo inventó, Aristófanes, un escritor conservador que defendía las tradiciones como si creyera en ellas, pero en el fondo creía que lo único sagrado era el derecho de reír.

Y hubo paz en el escenario.

En la realidad, no.

Los griegos ya llevaban veinte años peleando cuando esta obra fue estrenada, y la carnicería continuó siete años más.

Las mujeres continuaron sin tener derecho de huelga, ni derecho de opinión, ni más derecho que el derecho de obediencia a las labores propias de su sexo. El teatro no figuraba entre esas labores. Las mujeres podían asistir a las obras, en los peores lugares, que eran las gradas más altas, pero no podían representarlas. No había actrices. En la obra de Aristófanes, Lisístrata y las demás protagonistas fueron actuadas por hombres que llevaban máscaras de mujeres.

Romanas

Cicerón había explicado que las mujeres debían estar sometidas a guardianes masculinos *debido a la debilidad de su intelecto*.

Las romanas pasaban de manos de varón a manos de varón. El padre que casaba a su hija podía cederla al marido en propiedad o entregársela en préstamo. De todos modos, lo que importaba era la dote, el patrimonio, la herencia: del placer se encargaban las esclavas.

Los médicos romanos creían, como Aristóteles, que las mujeres, todas, patricias, plebeyas o esclavas, tenían menos dientes y menos cerebro que los hombres y que en los días de menstruación empañaban los espejos con un velo rojizo.

Plinio el Viejo, la mayor autoridad científica del imperio, demostró que la mujer menstruada agriaba el vino nuevo, esterilizaba las cosechas, secaba las semillas y las frutas, mataba los injertos de plantas y los enjambres de abejas, herrumbraba el bronce y volvía locos a los perros.

Las edades de Ana

En sus primeros años, Ana Fellini creía que sus padres habían muerto en un accidente. Sus abuelos se lo dijeron. Le dijeron que sus padres venían a buscarla cuando se cayó el avión que los traía.

A los once años, alguien le dijo que sus padres habían muerto peleando contra la dictadura militar argentina. Nada preguntó, no dijo nada. Ella había sido niña parlanchina, pero desde entonces habló poco o nada.

A los diecisiete años, le costaba besar. Tenía una llaguita bajo la lengua.

A los dieciocho, le costaba comer. La llaga era cada vez más honda.

A los diecinueve, la operaron.

A los veinte, murió.

El médico dijo que la mató un cáncer a la boca.

Los abuelos dijeron que la mató la verdad.

La bruja del barrio dijo que murió porque no gritó.

Una mujer cuenta

Varios generales argentinos fueron sometidos a juicio por sus hazañas cometidas en tiempos de la dictadura militar.

Silvina Parodi, una estudiante acusada de ser protestona metelíos, fue una de las muchas prisioneras desaparecidas para siempre.

Cecilia, su mejor amiga, ofreció testimonio, ante el tribunal, en el año 2008. Contó los suplicios que había sufrido en el cuartel, y dijo que había sido ella quien había dado el nombre de Silvina cuando ya no pudo aguantar más las torturas de cada día y cada noche:

—Fui yo. Yo llevé a los verdugos a la casa donde estaba Silvina. Yo la vi salir, a los empujones, a culatazos, a patadas. Yo la escuché gritar.

A la salida del tribunal, alguien se acercó y le preguntó, en voz baja:

—Y después de eso, ¿cómo hizo usted para seguir viviendo?

Y ella contestó, en voz más baja todavía:

—¿Y quién le dijo a usted que yo estoy viva?

Hincada sobre sus ruinas, una mujer busca

1976. La Plata

Hincada sobre sus ruinas, una mujer busca alguna cosa que no haya sido destruida. Las fuerzas del orden han arrasado la casa de María Isabel de Mariani y ella hurga los restos en vano. Lo que no han robado, lo han pulverizado. Solamente un disco, el *Réquiem* de Verdi, está intacto.

María Isabel quisiera encontrar en el revoltijo algún recuerdo de sus hijos y de su nieta, alguna foto o juguete, libro o cenicero o lo que sea. Sus hijos, sospechosos de tener una imprenta clandestina, han sido asesinados a cañonazos. Su nieta de tres meses, botín de guerra, ha sido regalada o vendida por los oficiales.

Es verano, y el olor de la pólvora se mezcla con el aroma de los tilos que florecen. (El aroma de los tilos será por siempre jamás insoportable.) María Isabel no tiene quien la acompañe. Ella es madre de subversivos. Los amigos cruzan la vereda o desvían la mirada. El teléfono está mudo. Nadie le dice nada, ni siquiera mentiras. Sin ayuda de nadie, va metiendo en cajas los añicos de su casa aniquilada. Bien entrada la noche, saca las cajas a la vereda.

De mañana, muy tempranito, los basureros recogen las cajas, una por una, suavemente, sin golpearlas. Los basureros tratan las cajas con mucho cuidado, como sabiendo que están llenas de pedacitos de vida rota. Oculta detrás de una ventana, en silencio, María Isabel les agradece esta caricia, que es la única que ha recibido desde que empezó el dolor.

La prostitución es...

La prostitución es el temprano destino de muchas niñas y, en menor medida, también de unos cuantos niños, en el mundo entero. Por asombroso que parezca, se calcula que hay por lo menos cien mil prostitutas infantiles en los Estados Unidos, según el informe de UNICEF de 1997. Pero es en los burdeles y en las calles del sur del mundo donde trabaja la inmensa mayoría de las víctimas infantiles del comercio sexual. Esta multimillonaria industria, vasta red de traficantes, intermediarios, agentes turísticos y proxenetas, se maneja con escandalosa impunidad. En América latina, no tiene nada de nuevo: la prostitución infantil existe desde que en 1536 se inauguró la primera casa de tolerancia, en Puerto Rico. Actualmente, medio millón de niñas brasileñas trabajan vendiendo el cuerpo, en beneficio de los adultos que las explotan: tantas como en Tailandia, no tantas como en la India. En algunas playas del mar Caribe, la próspera industria del turismo sexual ofrece niñas vírgenes a quien pueda pagarlas. Cada año aumenta la cantidad de niñas arrojadas al mercado de consumo: según las estimaciones de los organismos internacionales, por lo menos un millón de niñas se incorporan, cada año, a la oferta mundial de cuerpos.

Cuando Lélia trabaja...

Cuando Lélia trabaja, vendiendo su cuerpo, le pagan poco o le pagan pegándole. Y cuando roba, los policías le roban lo que ella roba, y además le roban el cuerpo. Dice Angélica, dieciséis años, arrojada a las calles de la ciudad de México:

—Le dije a mi mamá que mi hermano había abusado de mí, y ella me corrió de la casa. Ahora vivo con un chavo, y estoy embarazada. Él dice que me va a apoyar, si tengo niño. Si tengo niña, no dice.

El hambre (1)

A la salida de San Salvador, y yendo hacia Guazapa, Berta Navarro encontró una campesina desalojada por la guerra, una de las miles y miles de campesinas desalojadas por la guerra. En nada se distinguía ella de las muchas otras, ni de los muchos otros, mujeres y hombres caídos desde el hambre hasta el hambre y media. Pero esa campesina esmirriada y fea estaba de pie en medio de la desolación, sin nada de carne entre los huesos y la piel, y en la mano tenía un pajarito esmirriado y feo. El pajarito estaba muerto y ella le arrancaba muy lentamente las plumas.

Día del servicio doméstico

Maruja no tenía edad.

De sus años de antes, nada contaba. De sus años de después, nada esperaba.

No era linda, ni fea, ni más o menos.

Caminaba arrastrando los pies, empuñando el plumero, o la escoba, o el cucharón.

Despierta, hundía la cabeza entre los hombros.

Dormida, hundía la cabeza entre las rodillas.

Cuando le hablaban, miraba el suelo, como quien cuenta hormigas.

Había trabajado en casas ajenas desde que tenía memoria.

Nunca había salido de la ciudad de Lima.

Mucho trajinó, de casa en casa, y en ninguna se hallaba. Por fin, encontró un lugar donde fue tratada como si fuera persona.

A los pocos días, se fue.

Se estaba encariñando.

Puntos de vista (6)

Si Eva hubiera escrito el Génesis, ¿cómo sería la primera noche de amor del género humano?

Eva hubiera empezado por aclarar que ella no nació de ninguna costilla, ni conoció a ninguna serpiente, ni ofreció manzanas a nadie, y que Dios nunca le dijo que parirás con dolor y tu marido te dominará. Que todas esas historias son puras mentiras que Adán contó a la prensa.

Son cosas de mujeres...

Son cosas de mujeres, se dice también. El racismo y el machismo beben en las mismas fuentes y escupen palabras parecidas. Según Eugenio Raúl Zaffaroni, el texto fundador del derecho penal es *El martillo de las brujas,* un manual de la Inquisición escrito contra la mitad de la humanidad y publicado en 1546. Los inquisidores dedicaron todo el manual, desde la primera hasta la última página, a justificar el castigo de la mujer y a demostrar su inferioridad biológica. Ya las mujeres habían sido largamente maltratadas por la Biblia y por la mitología griega, desde los tiempos en que la tonta de Eva hizo que Dios nos echara del Paraíso y la atolondrada de Pandora destapó la caja que llenó al mundo de desgracias. «La cabeza de la mujer es el hombre», había explicado san Pablo a los corintios, y diecinueve siglos después Gustave Le Bon, uno de los fundadores de la psicología social, pudo comprobar que una mujer inteligente es tan rara como un gorila de dos cabezas. Charles Darwin reconocía algunas virtudes femeninas, como la intuición, pero eran «virtudes características de las razas inferiores».

El Diablo es mujer

El libro *Malleus Maleficarum,* también llamado *El martillo de las brujas,* recomendaba el más despiadado exorcismo contra el demonio que lleva tetas y pelo largo.

Dos inquisidores alemanes, Heinrich Kramer y Jakob Sprenger, escribieron, por encargo del papa Inocencio VIII, este fundamento jurídico y teológico de los tribunales de la Santa Inquisición.

Los autores demostraban que las brujas, harén de Satán, representaban a las mujeres en estado natural, porque *toda brujería proviene de la lujuria carnal, que en las mujeres es insaciable.* Y advertían que esos seres de aspecto bello, contacto fétido y mortal compañía encantaban a los hombres y los atraían, silbidos de serpiente, colas de escorpión, para aniquilarlos.

Este tratado de criminología aconsejaba someter a tormento a todas las sospechosas de brujería. Si confesaban, merecían el fuego. Si no confesaban, también, porque sólo una bruja, fortalecida por su amante el Diablo en los aquelarres, podía resistir semejante suplicio sin soltar la lengua.

El papa Honorio III había sentenciado:

—Las mujeres no deben hablar. Sus labios llevan el estigma de Eva, que perdió a los hombres.

Ocho siglos después, la Iglesia católica les sigue negando el púlpito.

El mismo pánico hace que los fundamentalistas musulmanes les mutilen el sexo y les tapen la cara.

Y el alivio por el peligro conjurado mueve a los judíos muy ortodoxos a empezar el día susurrando:

—Gracias, Señor, por no haberme hecho mujer.

Homenajes

Hoy es el Día de la mujer.

A lo largo de la historia, varios pensadores, humanos y divinos, todos machos, se han ocupado de la mujer, por diversas razones:

- Por su anatomía

  Aristóteles: *La mujer es un hombre incompleto.*

  Santo Tomás de Aquino: *La mujer es un error de la naturaleza, nace de un esperma en mal estado.*

  Martín Lutero: *Los hombres tienen hombros anchos y caderas estrechas. Están dotados de inteligencia. Las mujeres tienen hombros estrechos y caderas anchas, para tener hijos y quedarse en casa.*

- Por su naturaleza

  Francisco de Quevedo: *Las gallinas ponen huevos y las mujeres, cuernos.*

  San Juan Damasceno: *La mujer es una burra tozuda.*

  Arthur Schopenhauer: *La mujer es un animal de pelo largo y pensamiento corto.*

- Por su destino

  Dijo Yahvé a la mujer, según la Biblia: *Tu marido te dominará.*

  Dijo Alá a Mahoma, según el Corán: *Las buenas mujeres son obedientes.*

Día contra la violencia doméstica

En la selva del Alto Paraná, las mariposas más lindas se salvan exhibiéndose. Despliegan sus alas negras, alegradas a pinceladas rojas o amarillas, y de flor en flor aletean sin la menor preocupación. Al cabo de miles y miles de años de experiencia, sus enemigos han aprendido que esas mariposas contienen veneno. Las arañas, las avispas, las lagartijas, las moscas y los murciélagos miran de lejos, a prudente distancia.

El 25 de noviembre de 1960, tres militantes contra la dictadura del generalísimo Trujillo fueron apaleadas y arrojadas a un abismo en la República Dominicana. Eran las hermanas Mirabal. Eran las más lindas, las llamaban *mariposas.*

En su memoria, en memoria de su belleza incomible, hoy, 25 de noviembre, es el Día mundial contra la violencia doméstica. O sea: contra la violencia de los trujillitos que ejercen la dictadura dentro de cada casa.

Las vueltas de la vida

El Partido Conservador gobernaba Nicaragua cuando en este día 27 de abril de 1837 se reconoció a las mujeres el derecho de abortar si su vida corría peligro.

Ciento setenta años después, en ese mismo país, los legisladores que decían ser revolucionarios sandinistas prohibieron el aborto *en cualquier circunstancia,* y así condenaron a las mujeres pobres a la cárcel o al cementerio.

Invisibles

Hace dos mil quinientos años, al alba de un día como hoy, Sócrates paseaba con Glaucón, hermano de Platón, en los alrededores del Pireo.

Glaucón contó la historia de un pastor del reino de Lidia, que una vez encontró un anillo, se lo colocó en un dedo y al rato se dio cuenta de que nadie lo veía. Aquel anillo mágico lo volvía invisible a los ojos de los demás.

Sócrates y Glaucón filosofaron largamente sobre las derivaciones éticas de esta historia. Pero ninguno de los dos se preguntó por qué las mujeres y los esclavos eran invisibles en Grecia, aunque no usaban anillos mágicos.

El demonio de Tasmania

Es famoso en el mundo este monstruo diabólico, de fauces abiertas y dientes rompehuesos.

Pero el verdadero demonio de Tasmania no vino del Infierno: fue el imperio británico quien exterminó a la población de esta isla, vecina de Australia, con el noble propósito de civilizarla.

La última víctima de la guerra inglesa de conquista se llamaba Truganini. Esta reina despojada de su reino murió en el día de hoy, 8 de mayo, de 1876, y con ella murieron la lengua y la memoria de su gente.

Otros niños robados

—El marxismo es la máxima forma de la patología mental –había sentenciado el coronel Antonio Vallejo Nájera, psiquiatra supremo en la España del generalísimo Francisco Franco.

Él había estudiado, en las cárceles, a las madres republicanas, y había comprobado que tenían *instintos criminales*.

Para defender la pureza de la raza ibérica, amenazada por la degeneración marxista y la criminalidad materna, miles de niños recién nacidos o de muy corta edad, hijos de padres republicanos, fueron secuestrados y arrojados a los brazos de las familias devotas de la cruz y de la espada.

¿Quiénes fueron esos niños? ¿Quiénes son, tantos años después?

No se sabe.

La dictadura franquista inventó documentos falsos, que les borraron las huellas, y dictó orden de olvidar: robó los niños y robó la memoria.

El Plan Cóndor

Macarena Gelman fue una de las muchas víctimas del Plan Cóndor, que así se llamó el mercado común del terror articulado por las dictaduras militares sudamericanas.

La madre de Macarena estaba embarazada de ella cuando los militares argentinos la enviaron al Uruguay. La dictadura uruguaya se hizo cargo del parto, mató a la madre y regaló la hija recién nacida a un jefe policial.

Durante toda su infancia, Macarena durmió atormentada por una pesadilla inexplicable, que noche tras noche se repetía: la perseguían unos hombres armados hasta los dientes, y ella despertaba llorando.

La pesadilla dejó de ser inexplicable cuando Macarena descubrió la verdadera historia de su vida. Y entonces supo que ella había soñado, allá en la infancia, los pánicos de su madre: su madre, que en el vientre la estaba modelando mientras huía de la cacería militar que por fin la atrapó y la envió a la muerte.

Memoria del futuro

Según lo que aprendimos en la escuela, el descubrimiento de Chile ocurrió en 1536.

La noticia no impresionó para nada a los mapuches, que habían descubierto Chile trece mil años antes.

En 1563, ellos cercaron el fortín principal de los conquistadores españoles.

El fortín estaba a punto de sucumbir, arrasado por la furia de miles de indios, cuando el capitán Lorenzo Bernal se alzó sobre la empalizada y gritó:

—¡A la larga, nosotros ganaremos! Que si faltan mujeres españolas, ahí están las vuestras. Y con ellas tendremos hijos, que serán vuestros amos.

El intérprete tradujo. Colocolo, el jefe indio, lo escuchó como quien oye llover.

Él no pudo entender la triste profecía.

Fuera de lugar

Una típica escena de domingo es el cuadro que da fama a Edouard Manet: dos hombres y dos mujeres en un picnic sobre la hierba, en las afueras de París.

Nada de raro, salvo un detalle. Ellos están vestidos, impecables caballeros, y ellas están completamente desnudas. Ellos conversan entre sí, algún tema serio, cosa de hombres, y ellas tienen menos importancia que los árboles del paisaje.

La mujer que aparece en primer plano nos está mirando. Quizá nos pregunta, desde su ajenidad, *dónde estoy, qué hago yo aquí.*

Ellas sobran. Y no sólo en el cuadro.

Las invisibles

Mandaba la tradición que los ombligos de las recién nacidas fueran enterrados bajo la ceniza de la cocina, para que temprano aprendieran cuál es el lugar de la mujer, y que de allí no se sale.

Cuando estalló la revolución mexicana, muchas salieron, pero llevando la cocina a cuestas. Por las buenas o por las malas, por secuestro o por ganas, siguieron a los hombres de batalla en batalla. Llevaban el bebé prendido a la teta y a la espalda las ollas y las cazuelas. Y las municiones: ellas se ocupaban de que no faltaran tortillas en las bocas ni balas en los fusiles. Y cuando el hombre caía, empuñaban el arma.

En los trenes, los hombres y los caballos ocupaban los vagones. Ellas viajaban en los techos, rogando a Dios que no lloviera.

Sin ellas, soldaderas, cucarachas, adelitas, vivanderas, galletas, juanas, pelonas, guachas, esa revolución no hubiera existido.

A ninguna se le pagó pensión.

Eco

En otros tiempos, la ninfa Eco había sabido decir. Y con tanta gracia decía, que sus palabras parecían no usadas, jamás dichas antes por boca ninguna.

Pero la diosa Hera, la esposa legal de Zeus, la maldijo en uno de sus frecuentes ataques de celos. Y Eco sufrió el peor de los castigos: fue despojada de voz propia.

Desde entonces, incapaz de decir, sólo puede repetir.

La costumbre ha convertido esta maldición en alta virtud.

Safo

Poco se sabe de Safo.

Dicen que nació hace dos mil seiscientos años, en la isla de Lesbos, que por ella dio nombre a las lesbianas.

Dicen que estaba casada, que tenía un hijo y que se arrojó desde un acantilado porque un marinero no le hizo caso, y también dicen que era petiza y fea.

Quién sabe. A los machos no nos cae muy bien eso de que una mujer prefiera a otra mujer, en vez de sucumbir a nuestros irresistibles encantos.

En el año 1703, la Iglesia católica, bastión del poder masculino, mandó quemar todos los libros de Safo.

Algunos poemas, pocos, se salvaron.

Marías

En los evangelios, María aparece poco.

La Iglesia tampoco le prestó mayor atención, hasta hace cosa de mil años. Entonces la madre de Jesús fue consagrada madre de la humanidad y símbolo de la pureza de la fe. En el siglo once, mientras la Iglesia inventaba el Purgatorio y la confesión obligatoria, brotaron en Francia ochenta iglesias y catedrales en homenaje a María.

El prestigio provenía de la virginidad. María, alimentada por los ángeles, embarazada por una paloma, jamás había sido tocada por mano de hombre. El marido, san José, la saludaba de lejos. Y más sagrada fue a partir de 1854, cuando el papa Pío IX, el infalible, reveló que María había sido sin pecado concebida, lo que traducido significaba que también era virgen la mamá de la Virgen.

María es, hoy por hoy, la divinidad más adorada y milagrera del mundo. Eva había condenado a las mujeres. María las redime. Gracias a ella, las pecadoras, hijas de Eva, tienen la oportunidad de arrepentirse.

Y eso fue lo que pasó con la otra María, la que figura en las estampitas, al pie de la santa cruz, junto a la inmaculada.

Según la tradición, esa otra María, María Magdalena, era puta y se hizo santa.

Los creyentes la humillan perdonándola.

Juana

Como Teresa de Ávila, Juana Inés de la Cruz se hizo monja para evitar la jaula del matrimonio.

Pero también en el convento su talento ofendía. ¿Tenía cerebro de hombre esta cabeza de mujer? ¿Por qué escribía con letra de hombre? ¿Para qué quería pensar, si guisaba tan bien? Y ella, burlona, respondía:

—¿Qué podemos saber las mujeres, sino filosofías de cocina?

Como Teresa, Juana escribía, aunque ya el sacerdote Gaspar de Astete había advertido que a la doncella cristiana no le es necesario saber escribir, y le puede ser dañoso.

Como Teresa, Juana no sólo escribía, sino que, para más escándalo, escribía indudablemente bien.

En siglos diferentes, y en diferentes orillas de la misma mar, Juana, la mexicana, y Teresa, la española, defendían por hablado y por escrito a la despreciada mitad del mundo.

Como Teresa, Juana fue amenazada por la Inquisición. Y la Iglesia, su Iglesia, la persiguió, por cantar a lo humano tanto o más que a lo divino, y por obedecer poco y preguntar demasiado.

Con sangre, y no con tinta, Juana firmó su arrepentimiento. Y juró por siempre silencio. Y muda murió.

No me gusta que me mientan

Sor Juana Inés de la Cruz, nacida en el día de hoy de 1651, fue la más.

Nadie voló tan alto en su tierra y en su tiempo.

Ella entró muy joven al convento. Creyó que el convento era menos cárcel que la casa. Estaba mal informada. Cuando se enteró, ya era tarde; y años después murió, condenada al silencio, la mujer que mejor decía.

Sus carceleros solían prodigarle alabanzas, que ella nunca creyó.

En cierta ocasión, un artista de la corte del virrey de México le pintó un retrato que era algo así como una profecía del *photoshop*. Ella contestó:

> Éste, en quien la lisonja ha pretendido
> excusar de los años los horrores,
> y venciendo del tiempo los rigores
> triunfar de la vejez y del olvido,
> es una necia diligencia errada,
> es un afán caduco y, bien mirado,
> es cadáver, es polvo, es sombra, es nada.

Sally

Cuando Jefferson enviudó, fueron suyos los bienes de su mujer. Entre otras propiedades, heredó a Sally.
Hay testimonios de su belleza en los años tempranos.
Después, nada.
Sally nunca habló, y si habló no fue escuchada, o nadie se tomó el trabajo de registrar lo que dijo.
En cambio, del presidente Jefferson tenemos unos cuantos retratos y muchas palabras. Sabemos que tenía fundadas sospechas de que *los negros son inferiores a los blancos en los dones naturales del cuerpo y de la mente*, y que siempre expresó su gran aversión a la mezcla de sangre blanca y sangre negra, que le resultaba moralmente repugnante. Él creía que si alguna vez los esclavos iban a ser liberados, había que evitar el peligro de la contaminación *trasladándolos más allá de todo riesgo de mezcla*.
En 1802, el periodista James Callender publicó en el *Recorder* de Richmond un artículo que repetía lo que se sabía: el presidente Jefferson era el padre de los hijos de su esclava Sally.

Noches de harén

La escritora Fátima Mernissi vio, en los museos de París, las odaliscas turcas pintadas por Henri Matisse.
Eran carne de harén: voluptuosas, indolentes, obedientes.
Fátima miró las fechas de los cuadros, comparó, comprobó: mientras Matisse las pintaba así, en los años veinte y treinta, las mujeres turcas se hacían ciudadanas, entraban en la Universidad y en el Parlamento, conquistaban el divorcio y se arrancaban el velo.
El harén, prisión de mujeres, había sido prohibido en Turquía, pero no en la imaginación europea. Los virtuosos caballeros, monógamos en la vigilia y polígamos en el sueño, tenían entrada libre a ese exótico paraíso, donde las hembras, bobas, mudas, estaban encantadas de dar placer al macho carcelero. Cualquier mediocre burócrata cerraba los ojos y en el acto se convertía en un poderoso califa, acariciado por una multitud de vírgenes desnudas que, bailando la danza del vientre, suplicaban la gracia de una noche junto a su dueño y señor.
Fátima había nacido y crecido en un harén.

La intrusa

En 1951, una foto publicada en la revista *Life* causó revuelo en los círculos ilustrados de Nueva York.

Por primera vez aparecían, reunidos, los más selectos pintores de la vanguardia artística de la ciudad: Mark Rothko, Jackson Pollock, Willem de Kooning y otros once maestros del expresionismo abstracto.

Todos hombres, pero en la fila de atrás aparecía en la foto una mujer, desconocida, de abrigo negro, sombrerito y bolso al brazo.

Los fotografiados no ocultaron su disgusto ante esa presencia ridícula.

Alguno intentó, en vano, disculpar a la infiltrada, y la elogió diciendo:

—Ella pinta como un hombre.

Se llamaba Hedda Sterne.

Adiós

Las mejores pinturas de Ferrer Bassa, el Giotto catalán, están en las paredes del convento de Pedralbes, lugar de las piedras albas, en las alturas de Barcelona.

Allí vivían, apartadas del mundo, las monjas de clausura.

Era un viaje sin retorno: a sus espaldas se cerraba el portón, y se cerraba para nunca más abrirse. Sus familias habían pagado altas dotes, para que ellas merecieran la gloria de ser por siempre esposas de Cristo.

Dentro del convento, en la capilla de San Miguel, al pie de uno de los frescos de Ferrer Bassa, hay una frase que ha sobrevivido, como a escondidas, al paso de los siglos.

No se sabe quién la escribió.

Se sabe cuándo. Está fechada, 1426, en números romanos.

La frase casi no se nota. En letras góticas, en lengua catalana, pedía y pide todavía:

> Dile a Juan
> que no me olvide.
> (No m´oblidi /diga.li a Joan.)

Créditos de los textos

Los textos de la presente antología proceden de los siguientes libros:

Vagamundo y otros relatos (1973)

Mujer que dice chau, Confesión del artista.

Memoria del fuego (1982)

Las mujeres de los dioses, Las madres de Plaza de Mayo, Las intrusas perturban una tranquila..., Charlotte, María de la Cruz, Evita, Alfonsina, Tamara vuela dos veces, Olga y él, Alicia Moreau, María Padilha, Bessie, Cinco mujeres, El pueblo argentino desnudo de ella, Pájaros prohibidos, Frida, Isadora, Carmen Miranda, Delmira, Marianela, María de la O, Domitila, Muñecas, Rita, Marilyn, Hincada sobre sus ruinas, una mujer busca.

El libro de los abrazos (1989)

Profecías (1), La televisión, Llorar, Celebración de la amistad, La abuela, Celebración de la realidad, Crónica de la ciudad de Bogotá, La maromera, Las flores, La noche (2), La noche (3), La cultura del terror (3), La cultura del terror (5), El hambre (1).

Las palabras andantes (1993)

> Ventana sobre la palabra (4), Pola Bonilla, Historia del lagarto..., Ventana sobre una mujer (1), Ventana sobre una mujer (3).

Patas arriba. La escuela del mundo al revés (1998)

> La diosa, Como también ocurre..., La fuga (2), La prostitución es..., Cuando Lélia trabaja, Puntos de vista (6), Son cosas de mujeres...

Espejos. Una historia casi universal (2008)

> Sherezade, Fundación de la novela moderna, Tituba, El arte de dibujarte, Florence, Louise, Urraca, Teresa, Sukaina, Concepción, Hatshepsut, Amazonas, Aixa, La santa guerrera, Harriet, Doria, Comuneras, Matilde, Mexicanas, Isis, Cleopatra, Teodora, Resurección de María, Aspasia, Trótula, Prohibido cantar, Alexandra, Victoria, Prohibido sentir, Marie, Las edades de Ada, Desalmadas, Sarah, Josephine, Venus, El amar de los amares, Hebreas, Hipatia, Olympia, Las edades de Rosa María, Mariana, Camille, Emily, Ellos son ellas, Prohibido ser, Mujer, Juana la Loca, Venus, Un arma peligrosa, Huelga de piernas cerradas, Romanas, Las edades de Ana, El Diablo es mujer, Fuera de lugar, Las invisibles, Eco, Safo, Marías, Juana, Sally, Noches de harén, Adiós.

Los hijos de los días (2012)

> Voces de la noche, A dos voces, Ella no olvida, El mundo encoge, La dama que atravesó tres siglos, Día de los pueblos indígenas, El peligro de publicar, El festejo que no fue, Már-

mol que respira, Sacrílegas, Susan tampoco pagó, Campeonas, Navegaciones, La primera almiranta, Libertadoras brasileñas, Libertadoras mexicanas, El derecho a la valentía, El divorcio como medida higiénica, Alarma: ¡Bicicletas!, Fue, El zapato, Las mujeres son personas, Manuelas, La florista, El carnaval abre alas, El arte de vivir, La mamá de las periodistas, Nació una molestosa, Otra exiliada, La noche kuna, No digo adiós, Peligrosa mujer, Las brujas, La incombustible, Espíame, Libertadoras mayas, La guillotina, La nieta, La deshonra, Día de la lactancia materna, Madre civilizadora, Una mujer cuenta, Día del servicio doméstico, Homenajes, Día contra la violencia doméstica, Las vueltas de la vida, Invisibles, El demonio de Tasmania, Otros niños robados, El Plan Cóndor, Memoria del futuro, No me gusta que me mientan, La intrusa.

Índice

Presentación	5
Sherezade	7
Fundación de la novela moderna	8
La pasión de decir (1)	9
Tituba	10
Las mujeres de los dioses	12
Ventana sobre la palabra (4)	14
Profecías (1)	15
Voces de la noche	16
La televisión	17
A dos voces	18
Ella no olvida	19
El arte de dibujarte	20
El mundo encoge	21
La dama que atravesó tres siglos	22
Día de los pueblos indígenas	23
Florence	24
Louise	26
El peligro de publicar	27
El festejo que no fue	28
Llorar	29
Las madres de Plaza de Mayo	30
Celebración de la amistad	32

Las intrusas perturban una tranquila digestión del cuerpo de Dios	34
Mármol que respira	36
Charlotte	37
Urraca	38
Teresa	39
La abuela	40
María de la Cruz	41
Evita	43
Alfonsina	45
Sukaina	47
Concepción	48
Sacrílegas	50
Susan tampoco pagó	51
Campeonas	52
Tamara vuela dos veces	53
Navegaciones	54
La primera almiranta	55
Hatshepsut	56
Amazonas	58
Aixa	59
La santa guerrera	60
Libertadoras brasileñas	62
Libertadoras mexicanas	64
Harriet	66
El derecho a la valentía	67
Olga y él	68
El divorcio como medida higiénica	70
Alarma: ¡Bicicletas!	71
Doria	72
Alicia Moreau	73
Fue	75

Comuneras	76
Matilde	78
El zapato	79
La diosa	80
Mexicanas	81
Maria Padilha	82
Isis	83
Cleopatra	84
Teodora	86
Resurrección de María	88
Aspasia	90
Trótula	92
Prohibido cantar	93
Bessie	94
Alexandra	95
Cinco mujeres	96
El pueblo argentino desnudo de ella	98
Las mujeres son personas	100
Manuelas	101
Victoria	102
Ventana sobre la herencia	103
Pájaros prohibidos	104
La florista	105
Celebración de la realidad	106
El carnaval abre alas	108
Prohibido sentir	109
El arte de vivir	110
Marie	111
La mamá de las periodistas	113
Las edades de Ada	115
Nació una molestosa	117
Otra exiliada	118

La noche kuna	119
No digo adiós	120
Crónica de la ciudad de Bogotá	121
Desalmadas	123
Frida	124
Isadora	125
Sarah	126
Carmen Miranda	127
Las edades de Josephine	128
Peligrosa mujer	130
La maromera	131
La noche	132
Historia del lagarto...	133
Diabluras	139
Ventana sobre una mujer (1)	141
El amar de los amares	142
Las brujas	144
La incombustible	145
Ventana sobre una mujer (3)	146
Mujer que dice chau	147
Confesión del artista	148
Las flores	150
La noche (2)	152
Espíame	153
La noche (3)	154
Como también ocurre [...] Yo robo y me roban	155
Hebreas	158
Hipatia	159
Libertadoras mayas	160
Olympia	161
La guillotina	163
La nieta	164

Delmira	165
Las edades de Rosa María	167
Mariana	169
Marianela	170
Procedimiento contra la desobediencia	172
Resurrección de Camille	173
Emily	174
Ellos son ellas	175
Prohibido ser mujer	176
Juana la Loca	178
La deshonra	180
Día de la lactancia materna	181
La fuga (2)	182
Domitila	183
La cultura del terror (5)	184
La cultura del terror (3)	185
Madre civilizadora	186
Muñecas	187
Rita	189
Marilyn	190
Venus	191
Un arma peligrosa	193
Huelga de piernas cerradas	194
Romanas	196
Las edades de Ana	197
Una mujer cuenta	198
Hincada sobre sus ruinas, una mujer busca	199
La prostitución es…	201
Cuando Lélia trabaja	202
El hambre (1)	203
Día del servicio doméstico	204
Puntos de vista (6)	205

Son cosas de mujeres…	206
El Diablo es mujer	207
Homenajes	209
Día contra la violencia doméstica	210
Las vueltas de la vida	211
Invisibles	212
El demonio de Tasmania	213
Otros niños robados	214
El Plan Cóndor	215
Memoria del futuro	216
Fuera de lugar	217
Las invisibles	218
Eco	219
Safo	220
Marías	221
Juana	223
No me gusta que me mientan	224
Sally	225
Noches de harén	226
La intrusa	227
Adiós	228
Créditos de los textos	229